ITALIANOS

História e memória de uma comunidade

SÉRIE

LAZULI

IMIGRANTES NO BRASIL

ITALIANOS

História e memória de uma comunidade

Anna Rosa Campagnano Bigazzi

Coordenadora da série

Maria Luiza Tucci Carneiro

Companhia Editora Nacional

Presidente	Jorge A. M. Yunes
Diretor superintendente	Jorge Yunes
Diretora geral de produção e editorial	Beatriz Yunes Guarita
Diretor editorial	Antonio Nicolau Youssef
Gerente editorial	Sergio Alves
Coordenadora de revisão	Marília Rodela Oliveira
Preparadores e revisores	Irene Hikichi Nelson José de Camargo Sérgio Limolli
Editora de arte	Sabrina Lotfi Hollo
Assistentes de arte	Erica Mendonça Rodrigues Janaina C. M. da Costa Viviane Aragão
Coordenadora de iconografia	Maria do Céu Pires Passuello
Assistente de iconografia	Jaqueline Spezia
Produtora editorial	Lisete Rotenberg Levinbook
Assistente de produção editorial	Antonio Tadeu Damiani

Editora Lazuli

Diretor editorial	Miguel de Almeida
Editora	Luciana Miranda Penna
Diretor de arte	Werner Schulz
Diagramação	Eduardo Burato
Revisão	Elaine Ferrari Adriana Ribas

Dados Internacionais de Catalogação na Publicação (CIP)
(Câmara Brasileira do Livro, SP, Brasil)

Bigazzi, Anna Rosa Campagnano

Italianos : história e memória de uma comunidade / Anna Rosa Campagnano Bigazzi. – São Paulo : Companhia Editora Nacional, 2006. – (Série Lazuli imigrantes no Brasil / coordenadora Maria Luiza Tucci Carneiro)

ISBN 85-04-01053-8

1. Brasil – Emigração e imigração – História 2. Itália – Emigração e imigração – História 3. Italianos – Brasil – História I. Carneiro, Luiza Tucci Carneiro. II. Título. III. Série.

06-5830 CDD-304.88104509

Índices para catálogo sistemático:
1. Italianos no Brasil : Sociologia : História 304.88104509

2006

CTP, Impressão e Acabamento
Gráfica LISAPRESS (41) 3068-9009

Companhia Editora Nacional

Av. Alexandre Mackenzie, 619 – Jaguaré
São Paulo – SP – 05322-000 – Brasil – Tel.: (11) 6099-7799
www.ibep-nacional.com.br editoras@ibep-nacional.com.br

A **SÉRIE IMIGRANTES NO BRASIL** é um dos múltiplos segmentos de publicações paradidáticas pelo *Proin – Projeto Integrado Arquivo do Estado/Universidade de São Paulo,* que, desde 1996, desenvolve pesquisas sobre questões relativas à intolerância étnica e política no Brasil. Estudos realizados por nossa equipe junto ao Fundo DEOPS/SP, então sob a guarda do Arquivo do Estado de São Paulo, têm demonstrado que novos conhecimentos podem ser acrescentados aos estudos migratórios. Nos últimos anos temos publicado vários livros, coletâneas, revistas e inventários que oferecem novos conhecimentos sobre as comunidades de origem, assimilação e integração dos emigrantes no Brasil.

Essa parceria com a Lazuli Editora e a Companhia Editora Nacional reforça o nosso papel de educadores e produtores de conhecimento. Pretendemos aqui valorizar a diversidade como parte inseparável da identidade nacional e dar a conhecer a riqueza representada por esta diversidade etnocultural, marca do patrimônio cultural brasileiro.

Respeitando e divulgando as culturas dos grupos de imigrantes radicados no Brasil desde o século XIX, *aprendemos* a viver democraticamente numa sociedade plural. Nossa história tem demonstrado que, nem sempre, o Estado e o cidadão brasileiro souberam se desvencilhar de preconceitos seculares contra determinadas raças, nacionalidades e/ou religiões. A coexistência pacífica nem sempre foi regra, em diferentes momentos, sustentou-se uma política de "estranhamento" em relação ao estrangeiro.

Além de valorizarmos as singularidades de cada comunidade de imigrantes, pretendemos assumir uma postura crítica frente às relações sociais excludentes que permeiam a sociedade brasileira. Daí enfatizarmos a distinção entre diversidade cultural e desigualdade social, intolerância étnica e intolerância política.

Optamos por uma visão abrangente de cada comunidade imigratória procurando identificar as diferentes trajetórias – do país de origem ao país receptor – com ênfase na dinâmica cultural. Alguns vivenciaram situações traumáticas impostas pelas diferenças climáticas, desconhecimento do idioma e dos costumes locais. Outros, por defenderem idéias políticas "revolucionárias", foram considerados perigosos pelas autoridades brasileiras. Questões como estas nos incentivaram a escrever sobre os imigrantes ora desejáveis, ora "estrangeiros" em terras tropicais.

Radicados em diferentes regiões brasileiras, os imigrantes procuraram preservar sua identidade cultural numa espécie de resistência à cultura local. Hoje, amalgamados ao povo brasileiro, eles mantêm espaços privilegiados para a preservação da memória, verdadeiros instrumentos pedagógicos favoráveis ao diálogo e ao respeito mútuo. Daí enfatizarmos que conviver com o diferente é sempre um aprendizado, um constante desafio para consolidação da cidadania.

Maria Luiza Tucci Carneiro
Coordenadora da série

SUMÁRIO

[...] os nossos colonos abandonaram definitivamente a Itália; se possuíam alguma coisa no reino a venderam; aqui trouxeram suas famílias; aqui conseguiram um lote de terra que molharam com o suor de sua própria testa e que a eles pertence ou está perto de pertencer; aqui edificaram igrejas e ermidas; aqui nasceram seus filhos, por disposição de lei, brasileiros; aqui, enfim, sepultaram seus mortos. Porquanto grande, ardente e atormentado possa ser seu amor pela pátria natal, eles não deixaram mais este país onde já puseram fortes raízes.

Angelo Trento

APRESENTAÇÃO

A primeira grande onda migratória da Itália aconteceu entre 1870 e 1920. Durante esses 50 anos, mais de 17 milhões de indivíduos, entre homens e mulheres, ultrapassaram as fronteiras nacionais, alguns por pouco tempo, outros para sempre. A emigração dos que deixavam a Itália com o firme propósito de voltar, era constituída, em sua maioria, por homens. Estes, às vezes, aproveitavam os períodos do frio invernal, quando não era possível trabalhar nos campos, para viajar para países como a Argentina ou o Brasil, cujas estações climáticas eram opostas às da Europa.

A emigração vêneta para a América Latina, particularmente para a Argentina, chegou a produzir um fenômeno único, as golondrinas (as andorinhas-do-mar), navios que, a partir de 1890, desfrutando a inversão das estações nos dois hemisférios, viajavam de outubro até março. Interessava aos venezianos participarem das colheitas e, em particular, da ceifa do trigo. Cada emigrante preferia dirigir-se para um local onde poderia encontrar parentes e amigos que lhe oferecessem ajuda. Alguns deles preferiam ficar por mais algum tempo, até conseguir economizar um pouco de dinheiro, para depois regressar para a Itália.

Quando famílias inteiras emigravam, era para sempre.

INTRODUÇÃO

Como eram vistos os italianos que chegaram ao Brasil a partir do final do século 19?

A resposta poderia ser encontrada no prefácio do livro *Brás, Bexiga e Barra Funda*, de autoria de Antônio de Alcântara Machado. Nesse texto aparecem as primeiras descrições das características dos imigrantes italianos que, ao longo do século 20, se transformaram em estereótipos corriqueiros no cotidiano brasileiro. O termo *carcamanos* – nome jocoso que se dava aos indivíduos de origem italiana – tem sua origem no fato de que os feirantes italianos eram, muitas vezes, acusados de aumentar o peso das mercadorias que vendiam calcando a mão sobre a balança.

(...) Durante muito tempo a nacionalidade viveu da mescla de três raças que os poetas xingaram de tristes: as três raças tristes.

A primeira, as caravelas descobridoras encontraram aqui comendo gente, e desdenhosa de "mostrar suas vergonhas". A segunda veio nas caravelas. Logo os machos sacudidos desta se enamoraram das mossas "bem gentis" daquelas, que tinham cabelos "mui pretos, compridos pelas espáduas".

E nasceram os primeiros mamalucos.

A terceira veio nos porões dos navios negreiros trabalhar o solo e servir a gente. Trazendo outras moças gentis, mucamas, mucambas, mumbandas, macumas.

E nasceram os segundos mamalucos.

E os mamalucos das duas fornadas deram o empurrão inicial no Brasil.

O colosso começou a rolar.

Então os transatlânticos trouxeram da Europa outras raças aventureiras. Entre elas uma alegre que pisou na terra paulista cantando e na terra brotou e se alastrou como aquela planta também imigrante que há duzentos anos veio fundar a riqueza brasileira.

Do consórcio da gente imigrante com o ambiente, do consórcio da gente imigrante com a indígena nasceram os novos mamalucos.

Nasceram os italianinhos.

O Gaetaninho.

A Carmela.

Brasileiros e paulistas.

Até bandeirantes.

E o colosso continuou rolando.

No começo a arrogância indígena perguntou meio zangada:

Carcamano pé-de-chumbo
Calcanhar de frigideira
Quem te deu a confiança

De casar com brasileira?

O pé-de-chumbo poderia responder tirando o cachimbo da boca e cuspindo de lado:

A brasileira, per Bacco!

Mas não disse nada. Adaptou-se. Trabalhou. Integrou-se. Prosperou.

E o negro violeiro cantou assim:

Italiano grita
Brasileiro fala
Viva o Brasil
E a bandeira da Itália!
(ALCÂNTARA MACHADO, 1997: 27-28)

E como os imigrantes italianos que chegaram ao Brasil durante as primeiras levas da Grande Emigração, viam a si mesmos? Podemos afirmar que eles não possuíam uma identidade coletiva, ou seja, não se apresentavam com uma nacionalidade definida: diziam-se vênetos, lombardos, calabreses, toscanos, distintos por seu perfil regional. Mas, ao deixar sua pátria-mãe, vivenciaram momentos de trauma sob o impacto de viver em outra nação, com clima, idioma e tradições distintas.

Apesar de ter deixado o próprio país voluntariamente, os imigrantes sofriam com a saudade e a nostalgia, redimensionadas pelas dificuldades em se comunicar com os familiares que haviam ficado no país de origem. Com o passar do tempo os imigrantes aprenderam a conviver com esses sentimentos, cultivando a idéia de um possível retorno, crença que atenuava as dores da distância. Assim, podemos afirmar que os primeiros italianos viam a si mesmos como alguém que tinha perdido suas raízes e vivia na esperança de recuperá-las assim que retornasse a seu país de origem. O trabalho – que havia determinado a opção de emigrar – se transformara em uma estratégia eficaz, alimentando a esperança de que, com o dinheiro economizado, o imigrante poderia retornar e comprar um pequeno *podere* (pequena fazenda) na sua terra natal.

Muitas vezes, a nostalgia levava os imigrantes a voltar somente pelo dever de rever a família ou para visitar o cemitério onde estavam sepultados seus pais e parentes. Essa volta ao passado servia apenas para colocar em dúvida a escolha feita, relegando para um segundo plano os reais motivos que os haviam levado a emigrar: a miséria, o desemprego, o difícil acesso à terra etc.

O esquecimento das privações sofridas na pátria de origem e das dificuldades de integração no país de acolhimento produziu uma regressão, determinada pelo conflito cultural com o qual o emigrante convivia no seu dia-a-dia. Simplesmente, ele não era mais italiano e tampouco se sentia brasileiro. Enfim, havia-se transformado em um eterno estrangeiro.

O escritor Pietro Corsi, ele mesmo um emigrante, autor do livro *Halifax. L'Altra Porta d'America* (*Halifax. A outra porta para a América*), é um estudioso da emigração italiana no Canadá. Entrevistado por Simonetta Pitari, jornalista da agência GRTV (Agência de Notícias Internacionais, especializada em reportagens sobre os italianos no exterior), respondeu à pergunta se emigrar e, conseqüentemente, tornar-se cidadão de dois ou mais países, poderia levar à perda das próprias raízes: "Em meu caso isso não aconteceu", fala Pietro Corsi, "considero-me, pelo contrário, cidadão do mundo inteiro" (GRTV, 26/09/2003). Procurando dimensionar seu conceito de "cidadão do mundo", o autor acrescenta algumas palavras de Pablo Neruda, mestre latino-americano que entendia muito bem de "raízes perdidas e achadas novamente". Neruda – falando de si mesmo, mas interpretando os sentimentos de alguém que nasceu em um país e que, por qualquer motivo, vive em um outro – escreveu: "Penso que o homem deve viver na sua pátria e acho que o desenraizamento dos seres humanos seja uma frustração que de uma maneira ou de outra ofusca a claridade da alma". O desenraizamento, do qual nos fala Neruda, tem continuidade nas reflexões de Pietro Corsi:

...[o desenraizamento] *começa no momento no qual o emigrante sai do país onde nasceu. Enquanto o emigrante vive sua vida de desenraizado, sua alma mergulha em um vazio que ele não consegue e nunca conseguirá reconhecer porque nunca o conheceu. Sua vida continua neste vazio que ele não reconhece. Mas sem raízes.* (www.alef-fvg.it/articoli/2003/26sett2003-emigra.htm)

Em termos menos poéticos, "ser italiano", ou, em geral, pertencer a uma nação, e, em conseqüência, poder exibir ou reclamar por uma nacionalidade, vai muito além da posse do passaporte ou da carteira de identidade. A palavra nação implica nascimento, procriação, família. É, mais do que tudo, uma

Da Itália para o Brasil (1876-1920)

	1878-1886		1887-1895		1896-1902		1903-1920	
	v.a	%	v.a	%	v.a	%	v.a	%
Piemonte e Vale d'Aosta	1.767	2,5	15.198	3,1	6.598	1,8	16.733	2,5
Ligúria	558	0,8	2.823	0,6	2.098	0,6	3.849	1,2
Lombardia	6.098	8,5	60.380	12,3	20.107	5,4	19.388	6,3
Vêneto e Friuli	21.264	29,6	246.168	50,0	62.066	16,6	36.212	11,8
Emilia-Romanha	512	0,7	28.876	5,8	21.386	5,7	9.103	3,0
NORTE DA ITÁLIA	30.199	42,1	353.445	71,8	112.255	30,1	85.325	27,8
Toscana	6.340	8,8	26.542	5,4	26.746	7,2	21.428	7,0
Marcas	147	0,2	3.875	0,8	14.671	3,9	6.381	2,1
Úmbria	20	_	442	0,1	8.928	2,4	2.428	0,8
Lácio	_	_	308	_	12.2732	3,3	3.395	1,1
ITÁLIA CENTRAL	6.507	9,0	31.167	6,3	62.618	16,8	33.632	11,0
Abruzos e Molise	3.845	5,4	17.865	3,6	47.997	12,9	23.065	7,5
Campânia	8.913	12,4	37.845	7,7	71.093	19,1	46.123	15,0

Apúlia	117	0,2	6.707	1,4	14.157	3,8	16.154	5,3
Basilicata	9.504	13,3	10.177	2,1	14.727	3,9	17.996	5,9
Calábria	12.659	17,6	27.172	5,5	31.875	8,5	58.595	19,1
Sicília	45	_	7.776	1,6	12.937	3,5	24.966	8,1
Sardenha	13	_	107	_	5.254	1,4	796	0,3
Sul da Itália e ilhas	35.096	48,9	107.649	21,9	198.040	53,1	187.695	61,2
Total da Itália	71.802	100,0	492.261	100,0	372.913	100,0	306.652	100,0

Em evidência, as regiões italianas de emigração com alguns dados relativos ao número de emigrantes por províncias. Entre 1876 e 1920, chegaram ao Brasil cerca de 1.230.633 italianos que foram dirigidos, principalmente, para as fazendas de café paulistas e para os núcleos de colonização localizados no Sul do país. Fonte: IBGE, 2000: 165 e IBGE ATLAS, 2000: 99.

constatação, uma confirmação do que somos realmente. Uma expressão adequada a essa realidade é povo-nação, entendido como um *corpus* político, social e cultural considerado em seu desenvolvimento histórico; ou seja, um conjunto de caracteres distintos e peculiares que – assumidos ao longo de séculos – permitiram diferenciar um povo dos demais.

Um exemplo típico de povo-nação é o "povo judeu". Os judeus, depois da conquista de Jerusalém pelo imperador romano Tito, em 70 d.C., começaram a se dispersar pelo mundo (Diáspora), passando do Estado nacional, em sua terra de origem, à formação de comunidades nos vários países onde foram morar. Apesar de dispersos, conseguiram se manter como um povo, substituindo a estrutura territorial nacional por um vínculo coletivo e ético-religioso, fundado no monoteísmo, na Torá (Antigo Testamento), no ensino dos profetas e na preservação de suas tradições.

No caso da Itália, podemos nos referir a duas histórias distintas: a dos italianos na sua terra de origem, e a dos italianos radicados fora da Itália. Na terra de origem, apesar da unificação italiana ocorrida em 1861 (1870, com Roma capital), os individualismos regionais continuaram a prevalecer. Foram necessárias crises econômico-sociais e as tragédias de duas grandes guerras mundiais (1914-1918 e 1939-1945) contra um inimigo comum, para que o regionalismo desse lugar ao nacionalismo. Instigados pelo sentimento de pertencimento – que geralmente aflora nos momentos de crise –, os imigrantes encontraram, nos distintos países de acolhimento, um denominador comum a todos eles, o de ser italianos. Daí a importância de detectarmos

[...] *os momentos de rupturas, ou seja, momentos de crise aguda em que os valores têm que ser (re)ordenados – diante de uma conscientização mais ampla, questionadora das estruturas mentais constituídas pelas visões do mundo herdadas de um passado remoto.* (TUCCI CARNEIRO, 2003:16)

Pelo que concerne aos imigrantes italianos radicados no exterior, foi a Primeira Guerra Mundial (1914-1918) que reavivou o sentimento de pertencer a uma nação. Logo depois, o fascismo (1922-1943) reforçou esse sentimento através da construção de novos mitos nacionais divulgados por uma propaganda sistemática, oficializada pelo Estado governado por Benito Mussolini.

Com a exceção de uma minoria antifascista, os italianos admiravam tanto o regime fascista quanto o próprio Mussolini, os quais tinham, aparentemente resolvido os problemas da Itália, colocando-a no trono de grande potência. Militantes fascistas eram realmente poucos entre os italianos que viviam no Brasil, mas a admiração e as palavras elogiosas para o fascismo eram gerais. (BERTONHA, 2004:48-49)

Imagens de uma nova Itália tornaram-se comuns nos periódicos italianos e americanos dedicados a exaltar as qualidades da nação e do povo italiano. Fotografias das competições esportivas retratando jovens e fortes atletas como heróis de empreendimentos épicos, como as travessias intercontinentais, serviam para mostrar ao mundo o renascimento de um povo forte para uma nação forte.

Mesmo assim, a diversidade das origens regionais preservadas pelos imigrantes italianos radicados no Brasil dificultou a construção dessa identidade comum, ou seja, como italianos. Faziam questão de se fazer distintos como calabreses, romanos, sicilianos, napolitanos, vênetos etc.

Muitas das associações regionais, organizadas pelas comunidades italianas radicadas no Brasil, colaboraram para a preservação das características regionais e nacionais dos imigrantes e de seus descendentes. Geralmente persistiam duas formas de identificação: 1) com suas regiões de nascimento, que tinham como referência um *paese* (pequena vila de origem);

Monumento aos Heróis da Travessia Atlântica. Obra de Ottone Zorlini. Praça Nossa Senhora do Brasil, São Paulo (SP). Fotografia de Bruno Giovannetti (2004).

2) uma outra, mais universal, que relacionava o imigrante com a imagem de uma Itália moderna reconhecida por suas indústrias, *design*, moda e cultura em geral.

Hoje, quando são passados cerca de 140 anos do nascimento do Estado italiano, afastados (mas não desaparecidos) os sentimentos regionalistas, podemos nos fazer, novamente, a pergunta sobre a identidade dos italianos. Esquecendo a Itália como uma das nações que participam da União Européia, e limitando nossa visão às regiões nas quais a península é ainda dividida, perguntamos:

– Existem realidades que podem definir a Itália, ou melhor, os italianos? Existem, é claro, mas têm de ser revistas com olhares diferenciados. Lembramos que as características dos italianos foram, durante cerca de um século, evidenciadas através do cinema. Diretores como De Sica, Fellini, Monicelli, Germi, Pasolini e atores como Alberto Sordi, Ugo Tognazzi, Aldo Fabrizzi, Vittorio Gassman – tanto no campo laico como religioso, político ou cômico – conseguiram demonstrar as características típicas e contraditórias dos italianos. Assim, politicamente, eles se apresentam como simplórios ou maquiavélicos; santarrões e incrédulos; corruptos e distribuidores de favores (*bustarelle*). Raros são os brasileiros, por exemplo, que não relacionam a imagem do mafioso com a *famiglia italiana*, cuja história foi recuperada no clássico filme *O Poderoso Chefão* (1972), dirigido por Francis Ford Coppola, baseado em livro homônimo de Mario Puzo, e interpretado por Marlon Brando. Do mesmo filme, em 1974 e 1990, seguiram um segundo e um terceiro episódio, respectivamente. Ou ainda, a beleza da mulher italiana identificada com Sophia Loren, ou o charme do homem italiano personificado na figura de Marcello Mastroianni.

Em sua vida particular, o italiano elegeu a *mamma* como centro do seu universo e conseguiu impor a *pizza* como "marca italiana" em todos os países do mundo. Transformaram o *ciao*, uma simples saudação amigável, em uma espécie de passaporte internacional. Fizeram do *calcio* (futebol) uma febre e do *caffè* uma arte. Os italianos continuam sendo melodramáticos e amantes da *dolce vita*. Além disso, são conhecidos como *latin-lovers*, defensores da *unidade familiar*, apesar de eventuais infidelidades (*corna*). Os italianos se reconhecem de longe porque falam com as mãos (*gesticolano*) e acreditam no mau-olhado (*iettatura*). Falam ainda em dialeto: siciliano, romano, napolitano, mas além de tudo são conhecidos como os *mafiosi* por excelência. (CALCAGNO, 2005:VI)

Com tudo isso, os italianos conseguiram, com vontade de trabalhar, genialidade e iniciativa própria, firmar-se em todos os lugares aonde emigraram, em particular no Brasil. Basta prestarmos atenção aos sobrenomes de milhares de famílias brasileiras que, com muito orgulho, se dizem descendentes de italianos: Antonelli, Martinelli, Castellari, Patti, Toscano, Gorla, Faldini, Milano etc.

HISTÓRICO

1. A GRANDE EMIGRAÇÃO ITALIANA PARA A AMÉRICA

Razões do êxodo

A miséria foi a grande causa da emigração italiana para as Américas entre 1861 e 1918, datas-marco da unificação e do final da Primeira Guerra Mundial, respectivamente.

Nos primeiros anos depois da unificação da Itália (1861), a agricultura nacional – apesar de representar um papel de fundamental importância na economia do país e constituir a principal e, muitas vezes, a única fonte de renda para a maioria da população ativa – não recebeu a devida consideração e atenção por parte da classe dirigente. A concorrência dos países além-mar nos mercados de trigo, seda e arroz, e a Revolução Industrial que substituiu a mão-de-obra pelas máquinas tiveram como conseqüência uma grave crise com repercussões econômicas e sociais.

Tanto os proprietários das terras como os arrendatários e os assalariados se queixavam das baixas na produção, exigiam contratos favoráveis a seus interesses e uma maior consideração por suas condições de vida. Em particular, os impostos sobre as propriedades e o patrimônio, aliados às taxas cobradas sobre a moagem dos grãos, tornaram insustentável a miséria que já era crônica para os camponeses (CORREA DOS SANTOS, 1999:110). O não-pagamento desses tributos podia ter como conseqüência até mesmo o confisco da propriedade.

Inúmeras foram as manifestações de dissenso provocadas pelas massas trabalhadoras que, cada vez mais conscientes dos próprios direitos, reclamavam por melhores condições de vida. Marcaram a história italiana a insurreição dos camponeses sicilianos em 1894 e a revolta dos operários em Milão, em 1898. A partir daí, o governo italiano viu na emigração a possibilidade de se livrar de um pesadelo. Até 1875, os que emigravam eram, geralmente, indivíduos isolados ou alguns poucos grupos familiares. Mas, após essa data, o fluxo emigratório assumiu a dimensão de um grande êxodo, algo novo que alterava o cotidiano das pequenas aldeias. A miséria e a doença, também, favoreceram a vontade de emigrar, uma vez que a população dos campos sobrevivia comendo polenta e pão preparados com farinha de milho. Grande era o número de camponeses desnutridos atingidos pela pelagra, uma doença caracterizada por dermatite e distúrbios gastrintestinais e psíquicos. Agravada pela carência orgânica de vitamina PP (sigla do inglês *pellagra preventing*), podia levar o doente à loucura e à morte.

A pelagra e os camponeses

A pelagra começa com dores de cabeça e na espinha, dormência das extremidades e queimor no estômago. Anuvia-se a vista, diminui a audição e um tremor, primeiro interno, se manifesta depois nas mãos e na língua. É uma doença geralmente longa e lenta, que conduz quase sempre à loucura.

Quais são as causas? O trabalho prolongado, especialmente nos campos, debaixo da força do sol; as habitações insalubres e a pouca higiene; a comida ruim; mas, sobretudo, o uso exclusivo do milho, ainda mais estragado pela umidade, e outras causas. O aparecimento desta doença começou de fato em todos os lugares agora atingidos, com a introdução e cultura do milho e progride também com esta.

Atrás da pelagra está uma profunda miséria e, sob a questão médica, uma vasta questão social. Nós temos a pelagra como outros têm a máfia, a camorra, o banditismo, males que provêm de uma mesma fonte. Aqui, como lá, necessário se faz uma obra de saneamento... E por isto nós temos hesitado em procurar também os remédios.

Estes propõem que os cidadãos e a província se aliassem para combater a pelagra, melhorando assim as condições dos camponeses. (CORREA DOS SANTOS, 1999:130)

Outras doenças devidas à precária situação de vida dos camponeses eram a tuberculose, o raquitismo e o escorbuto. A partir de 1875, teve início a grande emigração italiana para as Américas, composta, sobretudo, por camponeses do norte da Itália. Expulsos de seus campos de trabalho, onde a agricultura vivia seus piores momentos de crise, os camponeses partiam em direção ao desconhecido, impulsionados pelo mito da *Mérica, la terra della speranza.* A partir de 1880, a "fuga" acelerada dessa população favoreceu a realização de uma série de estudos sobre as condições da vida dos camponeses na Itália. Os resultados de uma dessas análises sobre a questão agrícola foram publicados entre 1881 e 1889. Stefano Jacini, então ministro do Trabalho, foi encarregado pelo Parlamento de dirigir a pesquisa. Para demonstrar como viviam os camponeses italianos, o ministro Jacini tomou como exemplo Sannazzaro, vilarejo que se encontra próximo à cidade de Pavia, na região da Lombardia.

Os camponeses de Sannazzaro dividiam-se, conforme suas atividades de trabalho, em diaristas e empregados fixos. Estes últimos, chamados de *sudditi* (súditos) nas grandes propriedades, tinham um contrato anual, que permitia ao patrão transferi-los com freqüência de fazenda para fazenda. Geralmente eram enquadrados em uma rígida hierarquia com condições diversas de trabalho e salário. Possuir um trabalho fixo, uma casa, uma horta, ou ter a possibilidade de criar alguns animais e dedicar-se à sericultura (comum nessas regiões repletas de amoreiras, cujas folhas serviam de alimentação para o bicho-da-seda) garantia uma certa tranqüilidade econômica para alguns camponeses. Sua renda variava entre 450 e 600 liras anuais, enquanto os diaristas eram empregados por semana.

Entre os diaristas, raramente os homens chegavam a ganhar 400 liras anuais e as mulheres 200, sendo o salário variável, mas, além disso, os trabalhadores eram sujeitos a longos períodos de inatividade invernal, não retribuída. Piores ainda eram as condições de trabalho impostas à mulher, que, além de ter um salário inferior, devia assumir as fatigantes atividades nos campos ou ficar dias inteiros fiando no tear, mesmo quando estava grávida. Quando mãe, levava escondida consigo a criança para amamentá-la durante as horas de trabalho.

A crise econômica – devida à importação de arroz do Oriente e do trigo da Rússia e da América do Norte, além da falta de indústrias regionais – criou, em Sannazzaro, um grande problema econômico. Essa realidade favoreceu o fluxo emigratório em direção à América do Sul, Bélgica e Alemanha. O fato de esses emigrantes serem principalmente assalariados diaristas perturbou os proprietários de terras italianos, acostumados a se utilizar de mão-de-obra farta e barata.

Outros fatores favoreceram a emigração em massa dos italianos em direção ao Brasil: o aumento das pragas que atacavam as plantações de pimenta-preta, vinhedos, arrozais e oliveiras, além de prejudicarem a criação do bicho-da-seda. Além disso, os Estados Unidos e a Argentina venceram a concorrência com os mercados europeus do comércio de cereais a ser transportados por grandes navios de ferro acionados por motores a vapor. A multiplicação das estradas de ferro e a formação de uma rede cada vez maior de estradas nacionais, provinciais e municipais, aceleraram o progresso nos meios de transporte, favorecendo as trocas e a concorrência comercial. No entanto, esses avanços serviam apenas para privilegiar os industriais, elite que tinha acesso aos modernos recursos técnicos e a financiamentos.

As queixas dos camponeses e dos assalariados rurais transformaram-se em pregação socialista, resignados silêncios, reivindicações e protestos. A desagregação da sociedade rural criou uma massa de proletários desempregados, dispostos a não mais suportar a própria condição como destino e decididos a procurar novas formas de liberdade e oportunidades de vida.

Importante ressaltar que a maioria dos trabalhadores agrícolas, das regiões da Lombardia e do Vêneto, vivia em péssimas

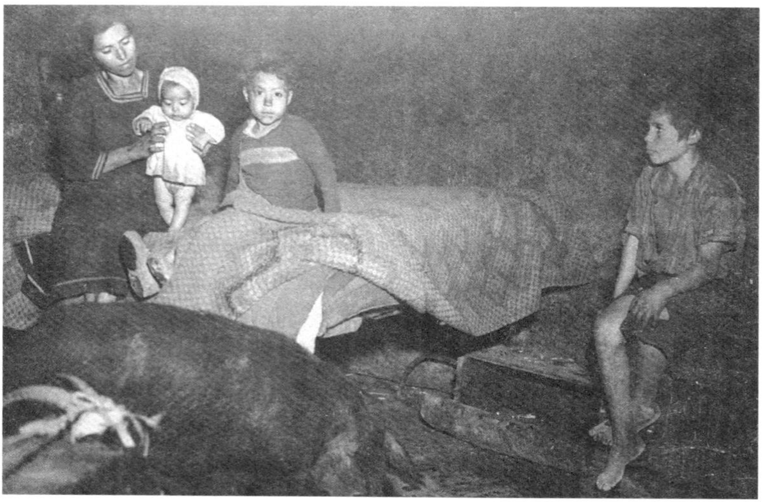

Único quarto onde viviam uma família com três crianças e um porco em condições higiênico-sanitárias deploráveis. (*L'Europeo*. Periodico bimestrale. RCS Milano. Anno IV, nº 1. 2005)

condições econômicas, exploradas por suas entidades patronais e alojadas em casas miseráveis, onde, na maioria dos casos, uma família inteira apertava-se em dois cômodos. As casas, além de ser pequenas, eram mal ventiladas e, freqüentemente, ficavam próximas dos estábulos e lugares onde eram armazenados os produtos das colheitas agrícolas. A presença de estrume ao redor das habitações era também responsável pela proliferação de doenças. A saúde dos trabalhadores durante o inverno ficava ainda mais comprometida, pois estes costumavam se abrigar nos estábulos, cujas condições higiênicas eram lamentáveis.

Na Lombardia, assim como na região do Vêneto, as habitações dos trabalhadores ficavam quase sempre próximas dos lugares de plantio, sendo as piores reservadas aos diaristas e artesãos. Raros, mas não incomuns, eram os abrigos temporários, espécie de casas isoladas nos campos, espécie de chalezinhos confeccionados de madeira transportáveis. Nas montanhas, na província de Verona, se encontravam pequenas casas de canas, cobertas com lajes de pedra, ao passo que, próximo a Treviso, os trabalhadores viviam em pequenas cabanas.

L'Albero degli Zoccoli (A Arvore dos Tamancos)

O filme A Árvore dos Tamancos *narra a história de quatro famílias de camponeses que viviam em uma fazenda na Província de Bérgamo (Lombardia) entre o outono de 1897 e o verão de 1898. Entre os componentes desta comunidade existia uma profunda ligação espiritual e cultural que os levava a compartilhar das coisas boas e trágicas, acontecimentos comuns e especiais. No momento de entregar ao proprietário da fazenda – o intransigente Masagù – o equivalente a dois terços dos produto, todos procuravam tropeçar para ganhar alguns poucos quilos de farinha.*

O filme procura recuperar os aspectos do cotidiano desses camponeses valorizando as tradições da vida no campo, as miseráveis casas onde moravam e a luta pela sobrevivência. É uma exemplar reconstrução dos ambientes e das causas que levaram os camponeses italianos a emigrar.

O filme é escrito e dirigido por Ermanno Olmi, interpretado por camponeses da campanha de Bérgamo. Produção Rádio e Televisão Italiana (RAI). Músicas de J. S. Bach. Organista, Fernando Germani.

Até a unificação da Itália, em 1861, o analfabetismo atingia cerca de 70% da população que não usufruía de escola pública. Esta foi criada somente em novembro de 1859 com a *Legge Casati* que tornou a instrução primária obrigatória. O ensino era dividido em dois graus: inferior e superior, cada um com dois anos de duração, sendo gratuito somente o grau inferior. Esses custos eram cobertos pelo município, compreendendo também o salário dos professores. Uma outra lei, a *Legge Coppino*, de 15 de julho de 1877, estendeu a obrigatoriedade escolar até 9 anos de idade. Em 1861, um italiano em cada quatro sabia apenas escrever seu nome e somente um em cada dez tinha condições de ler e escrever corretamente. Considerando que o direito ao voto era concedido somente aos cidadãos alfabetizados e em condições de pagar pelas taxas preestabelecidas, pode-se presumir que o analfabetismo era um fator de impedimento à participação do cidadão rural na vida política do país.

Para a historiadora Roselys Correa dos Santos, outro fator levou os italianos a emigrar: o serviço militar. O envio de um filho para servir o Exército significava a perda da renda doméstica para aquela família que havia investido em educação. Para os pais que residiam na zona rural, um filho trabalhando com a enxada valia muito mais que um soldado no quartel.

[...] *aqueles braços dos quais a mísera família esperava uma ajuda e um sustento, estes braços são seqüestrados pelo militarismo, sob todas as suas novas formas! Falo de um fato não particular, mas já comum na Europa.*

Os pobres pais suaram e choraram para educar um filho até os vinte anos; estando para serem compensados, eis que um belo dia ele é chamado para o quartel, onde a espingarda e o fuzil tiram o lugar da enxada, do martelo ou da caneta. [...] Eu não digo que o Estado não precisa de soldados; mas quem não vê e não deplora as conseqüências deste assustador militarismo, que faz de toda a Europa um quartel? (CORREA DOS SANTOS, 1999:99)

Outro aspecto da sociedade rural italiana que favoreceu a emigração foi o constante deslocamento dos camponeses, que, sem especialização e contrato de trabalho, viviam perambulando de um lado para outro. Sem emprego fixo, saíam em busca das colheitas da estação: a ceifa do trigo no verão, o pastoreio, a colheita das azeitonas no outono e a dos frutos cítricos no inverno. Como lembrança e testemunho do pastoreio, recorremos a uma expressiva poesia de Gabriele d'Annunzio, intitulada *I Pastori*, que faz referência à "hora de migrar":

Settembre, andiamo. È tempo di migrare.
Ora in terra d'Abruzzo i miei pastori
Lascian gli stazzi e vanno verso il maré
Scendono all'Adriático selvaggio
Che è verde come i pascoli dei monti [...]

Setembro, vamos. Chegou a hora de migrar
Agora na terra dos Abruzzi os meus pastores
Deixam os *stazzi* [*casas + abrigo dos animais*]
Descem até o Adriático selvagem
Que é verde como os pastos dos montes [...]

Durante as estações improdutivas do calendário agrícola, esses trabalhadores tornavam-se pedreiros, fiandeiros, tecedores, cardadores, fabricantes de instrumentos de trabalho etc. Junto a eles se movimentavam outras figuras, como os caldeireiros, ceramistas, marceneiros, sapateiros e barbeiros, que, não encontrando oportunidades de trabalho em suas aldeias, procuravam clientes em lugares longínquos. O deslocamento temporário tornou-se, assim, um componente do cotidiano miserável e instável vivenciado pelos camponeses e artesãos italianos. Os camponeses e artesãos que optavam por emigrar para algum país das Américas levavam consigo as experiências dessa sociedade acostumada às migrações para trabalhar e sobreviver. Mas carregavam também a culpa de deixar seu país e suas famílias na miséria.

Tanto a emigração como o trabalho "temporário" eram censurados pela Igreja católica que não via com bons olhos o fato de esses homens ficarem longe de seus lares, principalmente por estarem distantes do controle paroquial. Esse procedimento, segundo interpretação da Igreja, levava para o campo os vícios dos centros urbanos e, conseqüentemente, a imoralidade e o descrédito da autoridade clerical. Tais preocupações eram justificadas em nome da moral e dos bons costumes, servindo para explicar as causas da miséria vivenciada pela população mais humilde, entregue "ao abuso do vinho, aos vícios das cartas e do cigarro e, enfim, à freqüência das tavernas". (CORREA DOS SANTOS, 1999:100)

Na Itália, após a ascensão de Francesco Crispi (1818-1901) ao cargo de primeiro-ministro, a emigração se tornou um assunto importante para o Estado. Até então, essa questão estava sob os cuidados da polícia e dos cônsules em missão no exterior. Um primeiro censo, elaborado em 1881 pelo *Ministero per gli Affari Esteri* (MAE), revelou que a emigração duplicara com relação ao ano de 1871, atingindo cerca de 1 milhão de pessoas. A situação preocupou Francesco Crispi, que, avaliando os acontecimentos, identificou como causas da fuga a miséria, o desemprego, os baixos salários e o excedente de mão-de-obra.

Emigrantes dirigem-se para a Opera Assistenza Emigranti, instituição fundada por monsenhor Bonomelli. (AUDENINO, CORTI, 1994:41)

O ministro Crispi, entendendo que seria difícil frear a emigração, decidiu regulamentá-la. Com diplomacia, converteu a emigração em um elemento de política exterior. Suas medidas visavam a controlar e direcionar as correntes migratórias, tutelar os emigrantes no exterior e mantê-los vinculados à pátria-mãe. Procurou retardar as naturalizações e inibir o processo de assimilação, postura que gerou conflitos com os governos dos países receptores, entre os quais o Brasil.

De qualquer forma, a análise e o controle do fenômeno no período inicial (1861-1913) foram negligenciados. De fato, a única lei promulgada pelo Parlamento foi a de nº 5.877, de 30 de dezembro de 1888, que se limitava a emitir quase exclusivamente normas comportamentais. Essa lei delegava à polícia o controle para conter os abusos cometidos pelos especuladores no recrutamento de mão-de-obra barata. No entanto, a situação somente melhorou quando foi elaborada a Lei nº 23, de 31 de janeiro de 1901, e criado um órgão específico, o Comissariado Geral da Emigração (CGE), que dependia do Ministério do Exterior e deveria administrar todas as instituições que, na Itália e no exterior, se ocupariam da proteção dos emigrados. Esse organismo também gerenciava o Fundo para Emigração, que recebia uma taxa de 8 liras para o transporte de cada emigrante. Os membros desse comissariado tinham sob suas ordens os inspetores da emigração instalados em algumas cidades com porto marítimo, como Nápoles, Gênova e Palermo. Mas, também nesse caso, os emigrantes não receberam o apoio devido, seja no momento da emigração, seja nos países aonde se dirigiam. É provável que a diplomacia – representada por elementos da nobreza e/ou da alta burguesia – não entendia ou não queria entender os problemas dos emigrantes.

Com o CGE, foram eliminadas as agências e as subagências envolvidas com a questão imigratória. O transporte de emigrantes foi autorizado somente com a observância de determinadas precauções e garantias, tendo sido criados órgãos públicos para fornecer as informações necessárias aos interessados em emigrar. Enfim, foram estabelecidas regras para a assistência sanitária e higiênica, com o objetivo de proteger os viajantes e os portos de embarque e desembarque, e, sucessivamente, também para a tutela jurídica da emigração e a disciplina dos alistamentos para o exterior.

Em 26 de março de 1902, durante o ministério de Giovanni Giolitti (1842-1928), foi promulgado o Decreto Prinetti (que leva o nome do ministro do Exterior), que proibiu a emigração subsidiada para o Brasil de grupos coletivos, devido às péssimas condições de vida e de trabalho a que eram submetidos os imigrantes italianos contratados para trabalhar nas fazendas de café. A emigração somente seria permitida mediante contratos aprovados pelo CGE. Ao mesmo tempo, as autoridades viam como necessária a existência de uma legislação trabalhista que vigorasse como instrumento indispensável para vencer a desconfiança dos governos europeus em relação à emigração para o Brasil.

Segundo o historiador Angelo Trento, houve, entre 1903 e 1920, *um refluxo emigratório, numa inversão de tendência que não conhecerá mais pausa, alinhando-se, em valores anuais, em torno de 17.000 unidades. Os Estados Unidos tornar-se-ão, neste período, o destino de longe predominante, mas a Argentina também terá suas quotas aumentadas, graças, precisamente, à situação brasileira.* (TRENTO, 1989:57 e 63)

EMIGRAÇÃO ITALIANA PARA A AMÉRICA, 1903-1920

	Vários anos	Média anual	% emigração para as Américas	% emigração total
Brasil	306.652	17.036	6,1	Rio Grande do Sul 3,5
Argentina	953.453	52.970	18,9	10,9
Estados Unidos	3.581.322	198.962	70,1	40,8

Fonte: TRENTO, 1989:58.

O Decreto Prinetti permaneceu em vigor e foi reafirmado pelo Decreto do Ministério das Relações Exteriores, de 2 de fevereiro de 1906, que estabelecia que as passagens de chamadas pagas antecipadamente por parentes próximos e residentes no Brasil deveriam ser complementadas pela anotação consular "nada consta". Tal medida repercutiu negativamente no estado de São Paulo, que enfrentou dificuldades para conseguir mão-de-obra para o trabalho nas fazendas. Somou-se o fato de o governo espanhol proibir, também, a emigração subvencionada para o Brasil. Mesmo assim, a emigração subvencionada persistiu até

1927, sendo defendida ardorosamente pelos fazendeiros, que, tendo necessidade urgente de mão-de-obra, chegaram a aceitar colonos solteiros. (TRENTO, 1989: 58-59)

Para a elite intelectual italiana, e conforme as direções de Crispi, a emigração constituiu um meio para criar e desenvolver colônias italianas no exterior, como os demais países da Europa estavam fazendo, partilhando a África. A Itália não tinha as mesmas condições dos outros países europeus, principalmente porque acabava de se unificar, e suas tentativas de ocupar a Tunísia e a Abissínia fracassaram. Assim, voltou-se para a América do Sul, onde existiam terras a ser cultivadas, com o objetivo de formar colônias que poderiam tornar-se, um dia, um meio de expansão econômica e industrial.

A emigração como solução

Diante de tantos problemas econômicos e sociais, os camponeses e artesãos italianos não tiveram outra opção senão emigrar. Permanecer nas aldeias ou ficar perambulando em busca de trabalho não garantia o futuro de suas famílias. Sonhar com a fartura e a felicidade nas Américas transformou-se em impulso para milhares de cidadãos enfraquecidos pela miséria e pelas doenças. Despertados pelo chamamento das agências de emigração e pela propaganda enganosa publicada nos jornais italianos, essa população humilde embarcou rumo aos países da América do Norte e América do Sul, além da Austrália e da Nova Zelândia.

Nas praças, barbearias e repartições públicas das aldeias e das pequenas cidades italianas, cartazes sedutores convidavam a população a emigrar para o Brasil, país apresentado como um lugar maravilhoso, onde se vivia muito bem e era fácil ficar rico. Questionados sobre as razões que os levavam a emigrar, os candidatos davam respostas vagas:

[...] *alguns afirmam que leram nas esquinas de seu povoado um anúncio que os excitou a emigrar e ir para Gênova, onde encontrariam tudo pronto para o embarque, outros de haver sabido através dos jornais a saída de navios para o Brasil.* (CORREA DOS SANTOS, 1999:111)

As informações sobre como e para onde emigrar eram dadas também pelos agentes da emigração, pessoas pagas para fazer propaganda do Brasil, da Argentina e do Uruguai. Esses, também, se encarregavam de fazer propaganda de determinadas companhias de navegação que, para cada emigrado recrutado, pagavam uma porcentagem. Por tal postura, os agentes foram responsabilizados pelas histórias mais tristes da emigração, que nem sempre trouxe felicidade e riqueza fácil: uma vez chegados ao país receptor, além de encontrar uma realidade bem diferente daquela que havia sido prometida, os emigrantes se viam sem nenhuma garantia, tendo de assumir dívidas com os novos patrões. Dívidas que aumentavam a cada dia, transformando-os de trabalhadores livres em semi-escravos, sem nenhum direito à terra que deviam cultivar.

Esse tipo de recrutamento era chamado de "clandestino", assim como os emigrantes. A expressão não significava que o emigrante saíra ilegalmente do país ou com problemas não resolvidos com a justiça, mas definia as pessoas que emigravam convencidas por recrutadores que não tinham a devida autorização ministerial. Muitos desses agentes fizeram fortunas à custa de burlar as leis restritivas à emigração, promulgadas, em distintos períodos, pelos países americanos.

Para não ter problemas com a polícia local do país receptor, os agentes recomendavam aos emigrantes recrutados que se apresentassem bem vestidos, usando malas em bom estado e não sacolas. Deveriam desconfiar de todos, especialmente da polícia, e, se necessário, deveriam dizer que "viajavam por conta própria". Essas agências se valiam de slogans atraentes e sedutores, por exemplo, "agência para expedição de mercadorias e pessoas para o interior e o estrangeiro". Pelo fato de tomarem dinheiro tanto dos empregadores como dos emigrantes, por sua avidez e falta de escrúpulos, esses agentes podem ser comparados aos antigos traficantes que agiam no mercado de escravos negros.

Às vezes, eram os próprios donos da fazenda que enviavam seus empregados italianos, já estabelecidos no Brasil, para recrutar mão-de-obra barata na Itália. Estes, exibindo as credenciais da firma para a qual trabalhavam, ofereciam viagem gratuita e estadia no Brasil a quem quisesse emigrar.

A emigração, enquanto fenômeno social de grandes dimensões e prolongado no tempo, trouxe conseqüências negativas e positivas para a Itália. Dentre as positivas, podemos citar:

– a instituição de relações políticas, econômicas e culturais entre a Itália e os países receptores de um elevado número de emigrantes italianos;

– os contínuos fluxos de emigrantes, que representaram uma fonte vital de sustento para as famílias e para os locais do êxodo, particularmente no sul da Itália;

– a volta temporária ou definitiva de imigrantes expatriados, que voltavam para a Itália com uma bagagem de experiências profissionais e culturais, assimilada no exterior.

Como conseqüências negativas, consideramos:

– o desequilíbrio populacional nas zonas rurais da Itália e, conseqüentemente, da força de trabalho, alterando a configuração demográfica e comprometendo a produção agrícola. Na maioria das vezes, ficavam na área geográfica da emigração as pessoas mais velhas, menos ativas e desqualificadas. Esse fenômeno implicou o desaparecimento de pequenos vilarejos situados nas colinas e nas montanhas;

– a ruína hidrogeológica, com repercussões dramáticas nas obras de cultivo em socalcos e de manutenção em conseqüência da alteração do equilíbrio demográfico-ambiental em algumas regiões, especialmente nos lugares montanhosos;

– um efeito dolorosamente emancipador para as mulheres cujos maridos, pais ou filhos emigraram. As mulheres, além da família e conforme seu estado social e econômico, tiveram de gerenciar as relações de trabalho, ocupar-se da lavoura com o objetivo de garantir o necessário para a manutenção de suas pequenas propriedades, pagar dívidas e comercializar os produtos. Essa mudança se processou à custa de rupturas familiares e de conflitos morais registrados no interior da comunidade rural, ainda conservadora.

Geografia do êxodo: estatísticas e destinos principais dos emigrantes italianos (1876-1976)

A Itália é um país europeu, localizado no sul do continente, que confina a oeste com a França, ao norte com a Suíça e a Áustria, e ao leste com a Eslovênia; é delimitado na sua extensão peninsular pelo Mediterrâneo que forma os mares Ligure, Tirreno, Iônio, Adriático e da Sicília. O território é caracterizado pela prevalência de relevos: somente 21,6% são planos enquanto 39,7% são de colinas e 38,7% montanhosos.

O fato de o país estar dividido em regiões com características geográficas, históricas e culturais bem definidas se presta para:

a) mapearmos as principais áreas do êxodo com base em dados estatísticos que expressam quais eram os principais pontos emissores de emigração e países de destino;

b) reconstituirmos as múltiplas "identidades" assumidas por aqueles que optaram por emigrar. Quando distantes de seu país de origem, os italianos e seus descendentes faziam questão de ser distintos por seus dialetos, culinária, história política e religiosa etc. Em grande parte, essas diferenças retratam a trajetória política da Itália, que se tornou nação em 17 de março de 1861, quando Piemonte, Ligúria e Sardenha foram unidas, formando o Reino d'Itália sob Vittorio Emanuele II de Savoia.

A unificação foi completada com a anexação do Vêneto em 1866 e, em 1870, com a conquista de Roma. Depois da Primeira Guerra Mundial, foram incorporadas à Itália: Trento e relativas províncias, Trieste, a Venezia Giulia, o Alto Adige e Istria.

Depois da Segunda Guerra Mundial, a Itália tornou-se uma república parlamentar. Administrativamente o país é subdividido em 20 regiões, cinco das quais possuem um estatuto especial, sendo reconhecidas por suas formas e condições particulares de autonomia (Sicília, Sardenha, Trentino-Alto Adige, Friuli-Venezia Giulia e Vale d'Aosta). Entre os limites políticos do Estado estão contidos os territórios independentes da República de São Marino, localizada no Apenino tosco-emiliano, e a Cidade do Vaticano. Numerosos grupos insulares fazem parte do território italiano. As ilhas maiores são a Sardenha e a Sicília.

Uma análise completa e uma quantificação do fenômeno migratório foram possíveis somente quando o novo Estado, nascido em 1861, criou um serviço de estatística nacional, e quando, a partir de 1876, iniciou-se a medir com regularidade o movimento migratório reconhecido, até aquele momento, esporadicamente por estudiosos e observadores do fenômeno.

Com relação à emigração para o Brasil entre 1836 e 1902, temos dificuldades em contabilizar o número exato de emigrantes italianos, pois até 1877 as fontes italianas não registraram o fenômeno. Os dados disponíveis até 1903 foram publicados pela Direção Geral de Estatística Italiana que não tinha como referência as listas de embarque, mas a concessão, pelas prefeituras, do "nada consta", informação que servia para liberação do passaporte. Para o historiador Angelo Trento, é possível, portanto, que um sistema tão pouco confiável como esse (baseado em declarações do interessado) subestime continuamente as cifras relativas à emigração. Na verdade, o emigrante podia até mentir, fosse para esconder seu verdadeiro destino ou por estar na idade de prestar o serviço militar, entre outros motivos. (TRENTO, 1989:35)

No que diz respeito às destinações, pode-se notar, na tabela a seguir, que a Itália contribuiu com percentagens semelhantes no êxodo para Europa e para as Américas.

As seis maiores destinações da emigração italiana entre 1876 e 1976

Países europeus	Emigrantes	Países extra-europeus	Emigrantes
Grã-Bretanha	263.598	Venezuela	285.014
Áustria	1.118.135	Canadá	650.358
Bélgica	535.031	Austrália	428.289
Alemanha	2.452.587	Brasil	1.456.914
Suiça	3.989.813	Argentina	2.969.402
França	4.117.394	EUA	5.691.404
Total	12.546.558	**Total**	11.481.381

Fonte: AUDENINO-CORTI, 1994:22.

Tem de ser feita, porém, uma diferenciação no que concerne à precedência regional dos emigrantes: o sul foi responsável por 90% da emigração para as Américas, privilegiando os Estados Unidos. Isso porque a viagem de trem para chegar aos países do norte da Europa custava mais que uma passagem por via marítima. A emigração do norte da Itália preferiu a América

Latina, com ulteriores divisões: os do Vêneto emigraram principalmente para o Brasil, enquanto os do Piemonte optaram pela Argentina. Das regiões centrais italianas, a emigração distribuiu-se igualmente entre os Estados norte-europeus e as Américas. A "especialização regional" dos fluxos migratórios, porém, não era somente devida à maior ou menor praticidade dos meios de transporte, mas predominou o funcionamento de alguns mecanismos de coligação entre os emigrantes, em particular as "correntes migratórias", ou seja, aquele fenômeno pelo qual os emigrantes se dirigiam de preferência aonde já tinham emigrado amigos ou parentes, os quais podiam fornecer informações sobre o lugar e as possibilidades de trabalho.

A partir de 1870, deixaram a Itália cerca de 6 milhões de italianos, sendo que mais de 3 milhões emigraram entre 1901 e 1906. Após essa data, o fluxo emigratório diminuiu, até ser interrompido às vésperas da Primeira Guerra Mundial, em 1914, em decorrência da aplicação de uma lei italiana que proibia os homens de emigrar, priorizando o alistamento militar.

Pelo que concerne à distribuição espacial das saídas, considerando a subdivisão territorial da Itália nas três grandes áreas geográficas – noroeste, nordeste e centro, sul e ilhas (Sicília e Sardenha) –, tem de ser evidenciado que no período entre 1876 e 1940 partiram da primeira área 23,4% dos emigrantes, enquanto da segunda e terceira respectivamente 33%. Com respeito à participação de cada região na formação do contingente migratório, entre 1876 e 1900, o primado do êxodo emigratório foi do nordeste – Vêneto 17,9%, Friuli Venezia-Giulia 16,1%, e o Piemonte 12,5%.

ENTRADA DE EMIGRANTES ITALIANOS NO BRASIL : 1836 A 1902

Ano	Estatísticas		Ano	Estatísticas	
	italiana	brasileira		italiana	brasileira
1836-1874	_	6.871	**1889**	16.953	36.124
1875	_	1.171	**1890**	16.233	31.275
1876	_	6.820	**1891**	108.414	132.326
1877	_	13.582	**1892**	36.448	55.049
1878	4.533	11.836	**1893**	45.324	58.552
1879	7.999	10.245	**1894**	41.628	34.872
1880	6.080	12.936	**1895**	98.090	97.344
1881	6.766	2.705	**1896**	76.665	96.505
1882	9.074	12.428	**1897**	80.984	104.510
1883	7.590	15.724	**1898**	38.659	49.086
1884	6.116	10.102	**1899**	26.574	30.846
1885	12.311	21.765	**1900**	27.438	19.671
1886	11.334	20.430	**1901**	82.159	59.869
1887	31.445	40.157	**1902**	40.434	32.111
1888	97.730	104.353	**1836-1902**	936.981	1.129.265

Referência: registros italianos e brasileiros. Como pode ser notado, estes números não coincidem.

Fonte: TRENTO, 1989: 34.

No mesmo período, a Campânia contribuiu com 9,9% e a Sicília com 4,3%. A situação mudou entre 1901 e 1915, quando o primado passou para algumas regiões meridionais: a Sicília com 12,8% dos emigrantes, a Campânia com 10,9% e a Calábria com 6,9%. Contudo, nesses mesmos anos, Vêneto, Lombardia e Piemonte continuaram enviando para o exterior uma percentagem de emigrantes compreendida entre 9% e 10%. Enfim, foi só com a passagem do século que o sul assumiu uma posição de sempre maior superioridade na classificação do êxodo, sem que esse desaparecesse do restante do país. (AUDENINIO-CORTI, 1994:18-22)

Além disso, considerando que cada região da Itália pode ser considerada um núcleo propulsor da emigração, temos de considerar a procedência geográfica dos emigrantes italianos que ingressaram no Brasil entre 1878-1920. Pode ser notado, na tabela a seguir, que até 1902, ao lado da maioria de vênetos e friulanos, a emigração lombarda também assumiu um certo relevo, enquanto a presença mais significativa daqueles que procediam da Itália central é a dos toscanos. Das regiões do sul, salientam-se os campânios, seguidos de calabreses e abruzeses. A Ligúria (que preferiu a Argentina), a Úmbria, o Lácio e a Sardenha deram uma contribuição mínima à emigração. Entre 1902 e 1920, os vênetos e os lombardos, que constituíam o componente seguramente camponês, reduziram sua participação na emigração, enquanto se mantêm estacionários os piemonteses, lígures e demais procedentes da Itália central. No entanto, aumentou a participação de habitantes da região meridional, sobretudo da Calábria.

Conforme dados fornecidos pelo Instituto Brasileiro de Geografia e Estatística (IBGE. RJ. 2000:226), entre 1884 e 1939, entraram no Brasil 1.412.263 italianos enquanto entre 1945 e 1959 estes foram 106.360. Pela mesma fonte pode ser acrescentado que entre 1889 e 1977 receberam a nacionalidade brasileira 14.372 italianos e, entre 1968 e 1977, concedeu-se o atestado de residência permanente (RNE) a 2.983 italianos.

NÚCLEOS EMISSORES DA EMIGRAÇÃO ITALIANA PARA O BRASIL: 1878-1920

Regiões	1878-1886	1887-1895	1896-1902	1903-1920
Piemonte e Vale de Aosta	1.767	15.198	6.598	16.733
Ligúria	558	2.823	2.098	3.849
Lombardia	6.098	60.380	20.107	19.388
Vêneto e Friuli	21.264	246.168	62.066	36.212
Emília-Romanha	512	28.876	21.386	9.103
Norte da Itália	**30.199**	**353.445**	**112.255**	**85.325**
Toscana	6.340	26.542	26.746	21.428
Marcas	147	3.875	14.671	6.381
Úmbria	20	442	8.928	2.428
Lácio	–	308	12.273	3.395
Itália Central	**6.507**	**31.167**	**62.618**	**33.632**
Abruzos e Molise	3.845	17.865	47.997	23.065
Campânia	8.913	37.845	71.093	46.123
Apúlia	117	6.707	14.157	16.154
Basilicata	9.504	10.177	14.727	17.996
Calábria	12.659	27.172	31.875	58.595
Sicília	45	7.776	12.937	24.966
Sardenha	13	107	5.254	796
Sul da Itália e ilhas	**35.096**	**107.649**	**198.040**	**187.695**
Total da Itália	**71.802**	**492.261**	**372.913**	**306.652**

Referência: procedência regional.

Fonte: TRENTO, 1989:39,60.

No contexto do processo migratório, cumpre ressaltar o papel da mulher na emigração. Nas primeiras décadas do século, a participação feminina foi sem dúvida minoritária. A grande percentagem masculina nas emigrações foi redimensionada no período entre 1931-1935, quando as mulheres contribuíram com 63% do total dos emigrantes, enquanto entre 1936 e 1940 essa percentagem subiu para 77,5%, período de maior estabilidade das famílias italianas radicadas no exterior (CORTI, 1999:7). Essas mulheres enfrentaram numerosos e diferentes problemas sociais e de adaptação. Em particular, quando precisaram ou quiseram inserir-se no mercado de trabalho, foram marginalizadas e, no caso do Brasil, tanto as operárias como as lavradoras tiveram seus direitos trabalhistas completamente ignorados pelas classes dirigentes.

Outro fator interessante a ser considerado é a ascendência étnica dos imigrantes. Os Estados Unidos conseguiram, no censo de 1980, definir a origem do grupo étnico por auto-atribuição: os ítalo-americanos da primeira, segunda e terceira gerações resultaram em mais de 12 milhões de pessoas, das quais 8,3 milhões pertencem à terceira geração. Com relação ao Brasil, é difícil calcularmos o componente demográfico de origem italiana, incluindo as terceiras gerações, pois carecemos de dados sobre o local de nascimento dos pais e avós dos ítalo-brasileiros. Avaliações recentes, porém, admitem que haveria 7 ou 8 milhões de pessoas que podem atestar a origem italiana de suas famílias.

Estudos sociais e antropológicos já demonstraram que, ao longo de décadas, os grupos de imigrantes dificilmente conseguem preservar sua identidade. Na primeira geração, as relações endógamas ainda se conservam muito fortes, até no limitado âmbito provincial e regional. Com a segunda geração, afirmaram-se os casamentos mistos entre italianos e membros de outras comunidades imigrantistas com afinidades culturais e religiosas. Na terceira geração, a ascendência se presta apenas como uma referência identitária para o indivíduo que se diz neto(a) ou bisneto(a) de imigrantes italianos.

1.2. BRASIL, PARAÍSO DOS EMIGRANTES ITALIANOS?

A estrutura econômica do Brasil, herdada dos tempos coloniais, baseava-se em três elementos: latifúndio, agricultura de exportação e trabalho escravo. Como conseqüência, a entrada dos imigrantes a partir do século 19 se fez direcionada para dois focos: a pequena propriedade agrícola, principalmente nos estados do Sul, e as fazendas de café do oeste paulista, onde eram empregados como mão-de-obra assalariada. Foi esta última opção que predominou no país durante as primeiras décadas do século 20, momento áureo da produção cafeeira no estado de São Paulo.

O senador paulista Nicolau de Campos Vergueiro foi o primeiro fazendeiro a trazer imigrantes para trabalhar na cafeicultura. De 1847 até 1857, levou para sua fazenda de Ibicaba, no interior de São Paulo, os primeiros grupos de alemães, suíços e belgas que foram contratados no sistema de parceria: davam ao proprietário uma parte da colheita e ficavam com outra parte. A contratação de trabalhadores europeus foi apoiada pelas oligarquias dominantes, enquanto representavam a solução para o problema da mão-de-obra livre, mas foi contestada pelos representantes nativistas da elite cultural. Conforme Loraine Slomp Giron, o mais agressivo destes foi Alfredo Varela, autor da obra *O Rio Grande do Sul*. De certa forma, os imigrantes eram temidos pela população local, pois representavam uma nova concorrência na disputa de empregos. (SLOMP GIRON, 1979: 85; 241-242)

Como conseqüência, o relacionamento inicial foi difícil, incitando disputas e preconceitos étnicos por parte dos brasileiros. Se deixarmos de lado as versões historiográficas laudatórias que persistem sobre a imigração italiana para o Brasil, constataremos que a imagem dos italianos era bastante contraditória. Se, por um lado, eram vistos como portadores de milênios de cultura, como trabalhadores incansáveis e católicos fervorosos, por outro, começaram a ser qualificados de "perturbadores da ordem pública" a partir da primeira greve dos operários em São Paulo. Em 1917, 70 mil trabalhadores cruzaram os braços exigindo melhores condições de trabalho e aumento salarial.

A formação de colônias isoladas, com vida social autônoma, foi também muito criticada por Sílvio Romero, um dos intelectuais que, no início do século 20, alertava o governo brasileiro para o perigo da formação de quistos raciais.

Etapas da emigração

Para melhor compreender a presença dos italianos em terras do Brasil, devemos levar em consideração que a emigração sistemática só teve início no século 19, a partir de 1870. Antes dessa data, recebemos colonizadores, aventureiros e viajantes envolvidos com o projeto de colonização, fase caracterizada pelo pioneirismo dos colonizadores.

Aventura e pioneirismo

Os primeiros italianos a pisar em solo americano o fizeram na condição de aventureiros e colonizadores. Muitos atuavam como cosmógrafos, cartógrafos, geógrafos, mercadores e navegadores durante a época dos grandes descobrimentos. O florentino Américo Vespucci, por exemplo, estava entre os primeiros navegadores a desembarcar na costa brasileira em 1501. Importante lembrar que Gênova, Nápoles e Veneza, assim como Lisboa e Cadiz, abrigavam importantes centros de viagens oceânicas no auge da Renascença.

Com a frota de Martim Afonso, que saiu de Lisboa em 1530 (em 1532 fundaram a primeira vila do Brasil, a Vila de São Vicente), vieram os irmãos Adorno, membros de uma nobre família genovesa: Giuseppe, Francesco e Paolo. Este último casou-se na Bahia com uma das filhas de Diogo Álvares, conhecido como Caramuru. Giuseppe, que logo mudou seu nome para José, enriqueceu com a exploração de minas de turmalinas e até defendeu o território brasileiro na invasão dos franceses. Ele morreu com mais de 100 anos.

Em 1526, o capitão-geral Gomes de Pina foi enviado a Porto Seguro para supervisionar e patrulhar as praias ao longo da costa brasileira, freqüentemente saqueada pelos franceses que vinham em busca de pau-brasil, a árvore de madeira vermelha. Juntamente com a esquadra de Gomes de Pina, foram enviados o valoroso Nicolau Gonçalves Cavalcanti e membros da família Acciaioli (que teve seu nome mudado para Accioly). Seja os Cavalcanti, seja os Acciaioli eram descendentes de mercadores florentinos que haviam se estabelecido em Lisboa.

Italianos durante o Império

Entre 1500 e o final de 1600, a entrada de viajantes italianos no Brasil foi mínima e limitada às personalidades da cultura ou de extração social elevada. Nas duas primeiras décadas de 1800, havia no Rio de Janeiro um pequeno núcleo de italianos que viviam do trabalho manual, núcleo esse que se tornou muito mais consistente graças à emigração forçada de um grupo de criminosos, enviado pelo Reino das Duas Sicílias (na época sob governo espanhol). Após longas negociações com a corte brasileira, ficou acertado que o grupo seria empregado em um projeto de colonização. Um outro grupo uniu-se ao precedente, constituído, dessa vez, por condenados políticos, obrigados pelo Estado pontifício a se exilar, a fim de aliviar a superpopulação das prisões do Vaticano.

A primeira mulher italiana de origem aristocrática a vir para o Brasil foi a imperatriz Teresa Maria Cristina, irmã do rei das Duas Sicílias, mulher de dom Pedro II e mãe da princesa Isabel. A napolitana, nascida princesa Bourbon das Duas Sicílias, desembarcou no país em 4 de setembro de 1843, um ano após a assinatura de seu contrato de casamento. Com a imperatriz vieram alguns cortesãos e artistas italianos.

Refugiados políticos (1820-1840)

Na Itália, ainda sob domínio austríaco, espanhol e papal, persistia a idéia de conseguir independência e liberdade. Assim como em outros países europeus, formou-se e consolidou-se um conjunto de sociedades secretas, sendo a Carboneria a mais importante. Essa associação reunia carvoeiros, lenhadores e até contrabandistas em uma aliança de ajuda recíproca. Os primeiros movimentos insurrecionais foram deflagrados nos diferentes estados da península italiana. O povo lutava por uma constituição, pela liberdade de imprensa, religiosa e social. Tudo isso seria conquistado até 1861, depois de três guerras pela independência, processo finalizado em 1919, após a Primeira Guerra Mundial.

Durante esse período, os perseguidos políticos foram forçados a fugir da península italiana. Alguns desses, refugiados no Brasil, continuaram a defender e a lutar em nome de seus ideais de liberdade. Dentre esses cumpre citar Giuseppe Garibaldi, Tito Livio Zambeccari e Libero Badaró.

Com esses homens nasce, oficialmente, a colônia italiana, fato delimitado pela constituição da primeira sociedade surgida no Brasil, a Itália Unita. Com a aparência de associação de mútuo socorro, pretendia impulsionar uma campanha pela redenção nacional italiana. (TRENTO, 1989: 17)

Na fase gloriosa do ressurgimento, os exilados eram, geralmente, representados pela imagem simbólica dos heróis dos dois mundos, como na iconografia abaixo, que retrata Giuseppe Garibaldi entre a Itália e a América do Sul.

Giuseppe Garibaldi (1807-1882) é um herói que transita entre a história e a lenda. Nasceu em 1807, em Nice (que nesse período pertencia à Itália). Seu pai queria fazer dele um sacerdote, mas, atraído pelo mar e assim, ainda muito jovem, conseguiu um emprego como marinheiro em um pequeno navio que navegava entre o Mar Tirreno e o Mar Negro. Como vice-comandante do navio Clorinda, Garibaldi conheceu, em 1832, um grupo de seguidores de Saint-Simon, filósofo francês que pregava a distribuição das riquezas com a perspectiva de construir uma sociedade nova e mais justa. Suas idéias tiveram grande influência sobre Garibaldi, que, depois de descobrir as mesmas idéias em Giuseppe Mazzini (1805-1872), decidiu associar-se a seu partido, a Giovane Italia, fundado em 1831.

Garibaldi, herói dos dois mundos. (CORTI, 1999:108.)

Após ter participado de vários movimentos revolucionários e depois da falida insurreição de Gênova (1834), Garibaldi refugiou-se no Brasil. No Rio de Janeiro, uniu-se a um grupo de *mazziniani* (seguidores da política de Mazzini) que combatiam pela República do Rio Grande do Sul, que havia proclamado sua independência. Esse acontecimento ficou conhecido como Revolução Farroupilha (1835-1845). Em 1842, dispensado por Bento Gonçalves, chefe dos revoltosos, Garibaldi foi para o

Uruguai, lutar contra a Argentina. Organizou um corpo de voluntários, a Legião Italiana, que adotou, como uniforme, a camisa vermelha. Em 1848, teve notícia de uma possível guerra entre o Piemonte e a Áustria. Preocupado, decidiu voltar a sua pátria acompanhado de sua mulher brasileira, Anita, e dos três filhos, para lutar ao lado de Mazzini. Após participar de inúmeros conflitos, optou pelo exílio, em Nova York, onde trabalhou na fábrica de velas de Antonio Meucci, de quem foi hóspede, em 1854. Mais tarde, em 1867, voltou a lutar pela Itália contra as tropas pontifícias e francesas, na tentativa de conquistar Roma.

Garibaldi retirou-se para a Ilha de Caprera, onde morreu em 1882.

Anita e Giuseppe Garibaldi

Anita nasceu no ano de 1821 em Morrinhos, Tubarão, no estado de Santa Catarina. Era filha de Bento Ribeiro da Silva e de Maria Antonia de Jesús e foi batizada Anna de Jesus Ribeiro. Em 1839, encontrou-se com Garibaldi, e tornou-se sua companheira, lutando a seu lado no período em que as forças imperialistas brasileiras combatiam as nascentes repúblicas do Sul do país. Já com três filhos, seguiu Garibaldi até o Uruguai, onde participaram do sítio de Montevidéu. Anita e Garibaldi voltaram para a Itália em 1848, para lutar na primeira guerra pela independência italiana. Morreu em 4 de agosto de 1849.

Tito Livio Zambeccari (1802-1862) nasceu em Bolonha. Tornou-se carbonário e, perseguido pela polícia, fugiu para a Espanha, onde combateu contra o despotismo de Fernando VII. Mais tarde, emigrou para a América do Sul e, após ter lutado ao lado de Garibaldi no Uruguai e na Argentina (onde chefiou a Legião de Voluntários Italianos), chegou ao Rio Grande do Sul em 1831. Voltou-se para os estudos de geografia e história natural e o seu mapa geral da província do Rio Grande do Sul, um dos mais completos para a época, viria a prestar inestimável serviço na orientação dos movimentos de tropas durante a desafortunada epopéia da Revolução Farroupilha.

Em 1836, depois de uma luta desigual contra os batalhões da infantaria, a Revolução Farroupilha terminou. Seus participantes foram aprisionados e Zambeccari foi levado, a bordo de um navio (o Presiganga), para a Fortaleza de Santa Cruz, na entrada da baía do Rio de Janeiro. Somente em 1839, por ocasião do aniversário do imperador, sua prisão foi convertida em desterro, condicionando a liberdade ao imediato abandono do território brasileiro. Zambeccari partiu, então, a bordo do navio inglês Lyra, desembarcando em Portsmouth, de onde seguiu imediatamente para Londres, a fim de se encontrar com Mazzini, exilado naquela cidade, para prosseguir na luta pela libertação da Itália.

Giovanni Battista Libero Badaró (1798-1830) foi jornalista, político e médico. Nasceu em Laigueglia (Savona, Itália), e estudou medicina nas universidades de Turim e Pavia antes de se radicar em São Paulo. Destacou-se pela defesa e propaganda

Libero Badaró (1798-1830). (Fonte: ALMANAQUE ABRIL, 2000:96)

dos princípios liberais na imprensa paulista durante o reinado de dom Pedro I. Em 1829, fundou o jornal *O Observador Constitucional*, através do qual fazia críticas ao autoritarismo do imperador. Libero Badaró foi assassinado por desconhecidos na noite de 20 de novembro de 1830, durante uma manifestação promovida pelos estudantes da Faculdade de Direito de São Paulo que comemoravam a revolução liberal. Pouco antes de morrer, teria dito: "Morre um liberal, mas não morre a liberdade". Sua morte acelerou a crise política do Primeiro Reinado: mais de 5 mil pessoas compareceram a seu enterro e multiplicaram-se os pedidos e atos pela renúncia do imperador.

Italianos anárquicos refugiados no Brasil: a Colônia Cecília

O anarquismo, que chegou ao Brasil com os imigrantes europeus, foi o principal responsável pelo nascimento dos movimentos políticos dos trabalhadores. A política anarquista defendia a organização da sociedade sem nenhuma forma de autoridade imposta, considerando o Estado uma força coercitiva. Os anarquistas italianos estavam presentes no Brasil desde 1890 e, em 1906, organizaram, no Rio de Janeiro, um Congresso

Operário, para estabelecer suas regras de ação que, por muito tempo, foram um ponto de referência para o movimento operário. Entre 1909 e 1919, criaram escolas para trabalhadores nos moldes da doutrina pregada.

A partir da primeira década de 1900, formaram-se dois partidos anárquicos no Brasil, um no Rio de Janeiro e outro em São Paulo. Esse último era dividido, por sua vez, em quatro grupos: o Aurora, dirigido por Pietro Freire e Honório Vala; La Battaglia (A Batalha), dirigido por Alessandro Cerchiai e Oreste Ristori; o Ponte Grande, dirigido por Guido Monachesi; e, por fim, o grupo Pensiero e Azione (Pensamento e Ação), dirigido por Enrico d'Avino, que conseguiu fundar uma escola primária de linha anarquista com 50 alunos. Havia também um pequeno núcleo anárquico no Pará.

Foram as federações anarquistas que comandaram as grandes greves de 1917 em São Paulo e 1918 no Rio de Janeiro. Em 1919, foi criado o Partido Comunista Anarquista, mas, em 1922, com a fundação do Partido Comunista Brasileiro (PCB), o anarquismo começou a perder sua força no movimento operário. Porém, seus partidários continuaram atuantes até 1935, conforme demonstram estudos recentes realizados no Arquivo do Departamento de Ordem Política e Social de São Paulo (Deops-SP).

Muitos foram os anarquistas italianos que deram contribuição ativa ao movimento operário no Brasil, dentre os quais cabe citar Alessandro Cerchiai, que chegou ao Brasil em 1901, após ter passado dois anos na prisão na Itália devido às sublevações

Os anárquicos Pietro Gori e Itália Fausta. (Fonte: INCISA de CAMERAMA, 2003:216-217)

populares de 1898. Seu nome está ligado à organização da imprensa anarquista. Outro nome importante é o de Oreste Ristori, que veio do Uruguai e, em 1904, fundou o jornal *La Battaglia*. Foi expulso duas vezes do Brasil: na primeira, refugiou-se na Argentina, e na segunda, em 1936, foi combater na Guerra Civil da Espanha. Everardo Dias, maçom e líder operário, escreveu sobre Ristori: "Foi o maior agitador aparecido no Brasil, orador fluente e cáustico, sempre disposto à ação. Realizou centenas de conferências por todo o interior do Estado, agitando as massas trabalhadoras das cidades, vilas e fazendas".

Gigi Damiani, sem dúvida a figura mais prestigiosa do movimento anarquista no Brasil, nasceu em Roma, em 1876. Aos

18 anos, foi condenado a dois anos de domicílio obrigatório. Depois de muitas peregrinações pela Itália, em 1899, emigrou para São Paulo. Mudou-se para Curitiba, Paraná, onde, com a ajuda de companheiros que falavam português, organizou o jornal libertário *O Direito*. Regressou para São Paulo e, com Cerchiai, fundou vários jornais anárquicos, tendo continuado a manter relações com o movimento anarquista internacional. Expulso em 1919, voltou para a Itália, onde escreveu uma série de artigos sobre o Brasil, recolhidos depois num volume, cujo título era: *I Paesi nei Quali Non Si Deve Emigrare: la Questione Sociale in Brasile* (Os países para os quais não se deve emigrar: a questão social no Brasil) (TRENTO, 1989:222-224).

A Colônia Cecília

O italiano Giovanni Rossi tinha apenas 22 anos de idade quando publicou, no ano de 1878, em Milão, o livro *Un Comune Socialista*. Nessa publicação, o autor expunha as bases do primeiro projeto de uma sociedade socialista denominada Poggio Al Mare. Agrônomo, filósofo, poeta, cientista e jornalista (seus escritos eram assinados com o pseudônimo de Cárdias), Rossi procurava um lugar para colocar em prática suas idéias anarquistas e mostrar que a vida comunitária era totalmente possível. Ele chegou a organizar uma colônia agrícola na Itália, em Cremona, chamada Cittadella. Mas foi a partir de um encontro com o compositor brasileiro Carlos Gomes, que então estudava na Itália, que surgiu a possibilidade de se organizar uma colônia anarquista no Brasil. Rossi deu a Gomes um seu opúsculo, intitulado *Il Comune in Riva al Mare* (*O município à beira do mar*), que continha o projeto de uma colônia experimental socialista, sem lei, sem religião, sem propriedade privada, sem discriminações de classe, raça ou sexo.

Carlos Gomes apresentou esse projeto a dom Pedro II, que, interessado, ofereceu as terras necessárias para a implantação da colônia. Tratava-se de um território de cerca de 1 mil hectares, isolado e deserto, entre as localidades de Palmeira e Santa Bárbara, no Paraná, localizado à beira-mar. A partir daí, Giovanni Rossi começou a recrutar voluntários em reuniões públicas e nos círculos anárquicos da Itália. Em cinco meses, conseguiu 250 militantes, a maioria desses com família, provenientes das regiões do centro-norte da península italiana, que embarcaram, em fevereiro de 1850, no velho navio *Città di Roma*.

Entretanto, tal iniciativa coincidiu com radicais transformações políticas no Brasil, que em 15 de novembro de 1889 deixava de ser governado por um regime imperial para se tornar república. As promessas de terras e ajuda desapareceram, mas Rossi e seus partidários não desistiram de constituir a colônia. Assim, em maio de 1890, recém-chegados ao lugar prometido e vendo que as terras eram despovoadas e que ninguém as reclamava, içaram a bandeira anárquica, preta e vermelha, idealizada pelo próprio Rossi. Aquele espaço foi batizado de Colônia Cecília. Juntando o pouco dinheiro que cada um havia levado consigo, foram erguidas tendas, dando início à organização da sociedade sem dono. Na entrada da colônia, um cartaz anunciava a utopia com os seguintes dizeres "*Senza duci ne padroni*" (*Sem líderes nem patrões*).

A experiência não deu certo, pois a terra não era boa para o cultivo e, desiludidos, muitos foram embora em busca de melhores oportunidades de vida. Alguns foram buscar trabalho na construção das estradas de ferro, outros foram tentar a vida em São Paulo. O governador do estado do Paraná, Américo Lobo (1890), iniciou uma dura luta contra os anarquistas, pretendendo obter o pagamento das terras ocupadas e que, teoricamente, haviam sido doadas pelo imperador dom Pedro II. O governo tinha, também, o apoio da Igreja católica local, temerosa do exemplo nefasto da "anarquia moral" dos colonos. Os anárquicos, porém, não possuíam o dinheiro necessário para o pagamento das terras.

Enfim, o pioneirismo dos anarquistas italianos foi abortado pelo projeto republicano que governava em nome da "ordem, da liberdade e da fraternidade". Assim, dissolveu-se a primeira experiência anarquista no Brasil. Giovanni Rossi foi para o estado de Santa Catarina, onde trabalhou no projeto de colonização do Vale do Itajaí. Atuou, em seguida, como professor e diretor de um estabelecimento escolar em São Paulo, ligado ao ensino agrícola, onde colaborou para a criação das primeiras cooperativas agrícolas no estado. Tornou-se um técnico de mérito reconhecido, o que não impediu que o governo italiano o mantivesse sob vigilância. Em 1906, regressou definitivamente à Itália, onde morreu em 1943.

Zélia Gattai, em seu livro de memórias *Città di Roma*, narra a experiência de sua família, emigrada da Itália, que integrava esse grupo de pioneiros fundadores da Colônia Cecília. Segundo Zélia Gattai, eram cerca de 150 pessoas:

> [...] *homens das mais diversas condições sociais e profissionais, verdadeiros heróis empunhando a chama revolucionária, partiu para fundar uma colônia experimental socialista no Brasil, a Colônia Cecília, em terras no Paraná doadas pelo imperador Pedro II: nessa leva, partiu a família Gattai, em fevereiro de 1890. Esses homens iam cheios de entusiasmo e esperança, dispostos a reformar o mundo, começando do Brasil. As mulheres, ao contrário dos maridos, partiam resignadas, cheias de dúvidas, mortas de preocupação.* [...] *O regime no Brasil havia mudado, Pedro II fora deposto e instalada a República, a 15 de novembro. Toda essa mudança acontecera três meses antes do embarque do grupo. A doação das terras do Paraná, feita pelo imperador, não havia dúvida, tornara-se um dito por não dito. Assim mesmo, sem temer conseqüências, os pioneiros da Colônia Cecília arriscaram. Fariam tanta coisa boa que tudo acabaria dando certo, os republicanos lhes dariam boas condições de vida* [...]. *Eram uns otimistas, mais do que isso, uns utopistas...* (GATTAI, 2000:10;17)

Hoje, a Colônia Cecília é uma fazenda de meio porte, a 30 quilômetros de Palmeira, no Paraná. O único testemunho material que restou do sonho anarquista endossado pelo imperador dom Pedro II é um antigo poço, coberto de madeira e forrado de pedras. No Museu Histórico de Palmeira não há uma única fotografia ou documento sobre a história da primeira experiência anarquista no Brasil, embora a prefeitura tenha planos de erguer um memorial na região onde viveram aqueles imigrantes italianos.

Entre 1870-1920, teve início a Grande Emigração, verdadeiro êxodo que trouxe ao Brasil milhares de italianos que fugiam da miséria. Após 1920, a maioria desses imigrantes italianos era antifascista e, a partir de 1938, compartilharam seu refúgio com judeus discriminados pelas leis raciais impostas pelo governo de Mussolini. Logo após a Segunda Guerra Mundial, italianos comprometidos com o antigo regime fascista procuraram asilo no Brasil configurando um outro tipo de emigração, um tanto clandestina. Esse era um momento crucial para as teorias totalitárias e anti-semitas, que, diante das notícias dos crimes contra a humanidade praticados pelos nazistas, entraram em descrédito. Ainda na década de 1970, um grupo de empresários italianos – preocupados com a segurança dos capitais e dos lucros que poderiam ficar comprometidos com a possibilidade de uma guinada à esquerda do governo italiano – começou a investir no Brasil:

> *Mesmo que com alguma perplexidade, numerosos operadores italianos investiram recentemente no Brasil, confiando em sua estabilidade política, e aí se transferiram. (S.N.D.C.B., 1986: 5-6)*

Uma emigração particular: os médicos italianos em São Paulo

Os primeiros médicos italianos que emigraram para São Paulo a partir da chegada de Maria Teresa Cristina de Bourbon em 1843, e, em número maior, paralelamente à Grande Emigração, afirmaram-se profissionalmente como médicos particulares e como beneméritos de hospitais e santas casas de misericórdia. Também participaram como docentes das primeiras experiências educacionais médicas no Estado, além de atuar como pesquisadores nos mais destacados empreendimentos de pesquisa científica dos séculos 19 e 20.

Por volta de 1830, São Paulo registrou a presença de importantes médicos italianos, como Ignazio Betoldi e Libero Badaró, que, no entanto, ficaram mais conhecidos por suas atividades políticas liberais do que como médicos. O fluxo regular de entrada desses imigrantes em São Paulo teve início no final da década de 1880 e adquiriu contornos mais nítidos na década seguinte, para atingir o ápice nos anos de 1910, 1920 e 1930. Foi a atividade cafeeira paulista que atraiu a entrada e a distribuição desses médicos italianos pelo estado de São Paulo.

Com o crescimento da população da cidade de São Paulo e, concomitantemente, de sua fração de imigrantes, os médicos passaram a se concentrar nos bairros onde havia maior número de estrangeiros.

Conforme o *Boletim do Departamento Estadual do Trabalho*, publicado em 1912, a beneficência em São Paulo reunia, na primeira década do século, 392 entidades beneméritas, 91 das quais eram estrangeiras, sendo 61 italianas. Entre essas, destacava-se o Hospital Umberto I, fundado pela comunidade italiana reunida na Società Italiana di Beneficenza de San Paolo (1878). Somente no ano de 1903, com o apoio do cônsul-geral, Gerardo Pio de Savoia, iniciaram-se os trabalhos de construção desse hospital que, quando de sua inauguração, em 14 de agosto de 1904, tinha capacidade para 50 leitos, sendo o primeiro hospital aberto totalmente a qualquer etnia, cor ou credo. Dos médicos que desde o início serviram no Hospital Humberto I, cabe citar, entre outros, Carlo Comenale, Felice Buscaglia, Carlo Mauro, Giovanni Priore, Carlos Giulio Spera.

Hospital Humberto I. (Fonte: S.E.I., 1936:2000.)

A Grande Emigração

Paralelamente às emigrações individuais ou em grupos, houve uma emigração que se transformou em um fenômeno de massa. Entre 1880 e 1924, entraram no Brasil 3.396.366 imigrantes, dos quais 1.331.158 eram italianos, ou seja, mais de 39% do total (IBGE, 200:225-226). Essa massa de indivíduos foi atraída pela baixa densidade demográfica brasileira, pela substituição do açúcar pelo café como mercadoria de exportação, além da fuga desenfreada da situação permanente de miséria que atingia os camponeses italianos.

Essa emigração pode ser chamada também de emigração subvencionada, pois, de fato, garantia aos colonos o adiantamento das despesas com a viagem, além da alimentação e dos equipamentos agrícolas durante o primeiro ano de instalação no Brasil. Esses valores deviam ser devolvidos depois com juros anuais de 6%. Os colonos recebiam também um lote de terra para a produção de café e outro para o cultivo de alimentos, cujos eventuais excedentes eram vendidos no mercado. Tanto no caso do café como no dos outros gêneros, a metade do ganho auferido ia para o fazendeiro (TRENTO, 1986:21). A partir de 1870, esse sistema de parceria foi abandonado e os imigrantes passaram a receber como trabalhadores assalariados e foram obrigados a aceitar um contrato de duração qüinqüenal e a reembolsar o custo do transporte.

Depois de 1881, a província de São Paulo, dominada politicamente pelos fazendeiros, decidiu colaborar com os proprietários das fazendas pagando a metade das despesas com a viagem, mas o contrato de cinco anos permaneceu em vigor, bem como a cláusula do ressarcimento (TRENTO, 1989:23). Em 1884, o transporte tornou-se gratuito para as famílias migrantes que estivessem interessadas em trabalhar nas fazendas ou nos núcleos coloniais. Foi, porém, em 1890, com a Lei Glicério, que o transporte gratuito foi assegurado também aos lavradores solteiros, de 18 até 50 anos, assim como aos operários e artesãos da mesma faixa etária (TRENTO, 1989:27). A imigração subvencionada constituiu, em São Paulo, 89% da imigração total entre 1891 e 1895. É obvio que, para financiá-la, foram empregadas somas enormes, tanto pelo governo central como estadual, investimento amplamente garantido pelo alto índice das exportações do café, cujo crescimento contínuo era garantido pela mão-de-obra européia.

O fluxo imigratório dos italianos para o Brasil começou a declinar a partir de 1902, numa inversão de tendência que não conhecerá mais pausa, alinhando-se, em valores anuais, em torno de 17 mil pessoas. Os Estados Unidos, seguidos pela Argentina, tornaram-se, nessa mesma época, o destino predominante dos emigrantes, países que, ainda hoje, mantêm as mais importantes comunidades italianas fora da Itália. (TRENTO, 1989:57)

A navegação transoceânica recebeu um extraordinário impulso a partir da segunda metade de 1800 até o fim da Primeira Guerra Mundial. O navio a vapor transformou-se em um importante e econômico meio de transporte graças às conquistas tecnológicas que favoreceram a grande emigração européia em direção aos outros continentes. A revolução dos transportes marítimos resultou em tarifas cada vez mais econômicas, favorecendo cada vez mais a mobilidade de passageiros para o além-mar. Em 1885, o preço da passagem entre Hamburgo e Nova York era de 8 dólares, e esse valor era muito inferior ao necessário para transportar as pessoas, por terra, dos países da Europa central até um porto atlântico. Passagens a baixo custo e viagem transoceânica por um tempo mais breve tornaram possível a ampliação das áreas de recrutamento da emigração para as Américas. Tais facilidades incentivaram também novos comportamentos migratórios, como as já citadas viagens pendulares. (SORI, 1979: 293-294)

Publicidade de companhias de navegação (Fonte: *L'Europeo*, 2005:39.)

Na Itália, após a unificação, o governo começou a fornecer subsídios às pequenas companhias de navegação, entre as quais se salientavam a Rubattino, de Gênova, e a Florio, de Palermo. Em 1881, as duas sociedades fundiram-se numa só, formando a companhia Navigazione Generale Italiana (NGI), que se impôs como a maior empresa de navegação italiana. Essa empresa, ao longo dos anos, adquiriu a maioria das outras companhias, dando

IN NOME DI SUA MAESTÀ
UMBERTO I.
RE D'ITALIA

Passaporte do camponês Gorla Giuseppe e família, de Inzago (Milano), emigrado para Araraquara (SP), Brasil, em 1872.

origem, em 1932, a um grande grupo estatal, a Italia Società di Navigazione, à qual pertenciam os maiores navios da época.

Até o início da Primeira Guerra Mundial, o passaporte consistia numa simples folha de papel esverdeado no qual era registrado o nome do chefe da família, seguido pelo nome da esposa e dos filhos. Às vezes, anotava-se a cidade de residência e a província de origem, assim como o país de destino. No cabeçalho desse documento, uma frase em grandes letras anunciava que tal empreitada se fazia "Em nome de sua Majestade Umberto I....".

Desde o início do grande movimento emigratório italiano, aqueles que desejavam emigrar tinham um problema a resolver: financiar sua viagem, começando com o pagamento da passagem marítima, cujo preço era excessivo para aqueles que viviam uma vida miserável. Alias, esse era o problema maior. Existem testemunhos de que pessoas das mais variadas regiões da Itália não conseguiam emigrar devido à falta de dinheiro. Pequenos proprietários de terras venderam seus bens para financiar a viagem; alguns inseriram uma cláusula no contrato de venda que lhes permitia comprá-las novamente, caso retornassem. Outras

Fotografia para passaporte de uma família da província de Treviso, carimbado pela *questura* (polícia) com a passagem de terceira classe de Gênova para Santos (SP). Tanto a passagem como o passaporte eram válidos para toda a família. (TRENTO, 2000: 23)

formas de autofinanciamento foram a venda do patrimônio dotal ou a liquidação antecipada de heranças. Muitos recorreram também aos usurários, que lhes emprestavam o dinheiro à custa de altos juros.

No início do século 20, em conseqüência da intensificação da emigração italiana, estabeleceu-se uma série de potentes instrumentos de financiamento "autônomo", no sentido que eram gerados pelo mesmo fluxo emigratório. Esses instrumentos compreendiam seja o autofinanciamento daquela que podemos chamar "empresa familiar imigratória", cuja poupança das remessas era guardada, em parte, como capital para financiar atos repetitivos de emigração e volta dos mesmos e de diferentes membros da família; seja os *prepaids*. Esses últimos eram conhecidos pelos emigrantes como *pezzettini* ("pedacinhos") e eram considerados como passagens pré-pagas adquiridas no exterior e enviadas à Itália para um aspirante a emigração. Por meio dos *prepaids* construíram-se complicadas correntes migratórias, pelas quais parentes, amigos e compatriotas chamavam, do exterior, outros emigrantes, fornecendo-lhes o dinheiro para a emigração. É difícil separar, nesta informal e indistinta rede de relações sociais e econômicas, o ato de solidariedade daquele que era contratual. Esse último, muitas vezes deslizava para o falso território da exploração, se o "amigo" era um "patrão" ou um "banqueiro". Poderia acontecer também de a dívida contraída pelo emigrante ser validada no exterior (o país de destino), determinando as condições e os vínculos de subordinação nas prestações de trabalho. (SORI, 1979:296-297)

O caso da América Latina foi diferente: seu povoamento por imigrantes aconteceu, durante a maior parte da segunda metade do século 19, por meio de uma emigração subvencionada e gratuita. A Itália inseriu-se nas grandes correntes emigratórias transoceânicas com as primeiras políticas latino-americanas de emigração subvencionada. A partir de 1870, os agentes de emigração corriam com assiduidade aos campos italianos, prometendo o resgate das terras e viagem gratuita para a América. Sem dúvida, as grandes migrações agrárias para o Brasil, nos anos de 1888, 1891 e 1894-95 formaram ondas sucessivas de emigração gratuita, provenientes, em sua maioria, do norte da Itália (Vêneto). É importante ressaltar que a mão-de-obra captada no sul da Itália não era bem-vista pelos financiadores das emigrações.

Muitos emigrantes encontravam dificuldades para seguir o curso da emigração, pois, além de vender boa parte de seus pertences para conseguir dinheiro suficiente para comprar a passagem marítima, precisavam se locomover dos campos para os portos de embarque. Chegavam, muitas vezes, a percorrer centenas de quilômetros. Além disso, os agenciadores exigiam que os emigrantes chegassem com muitos dias de antecedência ao local de sua partida, situação que os obrigava a se hospedar em hotéis e a gastar com alimentação. Nesse contexto, eram explorados também pelos ambulantes que lhes vendiam bugigangas como se fossem artigos necessários para a sobrevivência no Brasil.

A emigração gratuita transformou-se em um fenômeno complexo, instável e desumano, que tinha suas origens na ganância e nos abusos sustentados pela oligarquia de fazendeiros e estancieiros latino-americanos. Era organizada por suas associações, por sociedades por eles constituídas ou, diretamente, pelo governo; utilizava-se de financiamentos públicos, apoiando-se nas operações das companhias de navegação interessadas no lucro fácil. Esse modelo se espalhou pelo exterior através de uma estreita rede de representantes dessas empresas ou dos governos interessados no recrutamento de mão-de-obra barata. No Brasil, a Lei Provincial de São Paulo, de 3 de fevereiro de 1888, autorizava o reembolso pelo custo da passagem à Società Promotrice dell'Emigrazione, que havia se comprometido a introduzir 100 mil imigrantes europeus no setor agrícola. A partir de 1893, vigorou um contrato entre o governo e a sociedade La Metropolitana para a introdução de 1 milhão de imigrantes, dos quais 90% deveriam ser agricultores organizados em grupos familiares. (SORI, 1979:299-300)

O lado negativo dessa emigração européia, e, em particular, a italiana, estava relacionado à condição social, cultural e também física dos recrutados que aqui chegavam por falta de melhores alternativas de trabalho ou por explícita seleção imposta pelas políticas imigratórias, como, por exemplo, a exclusão da corrente norte-americana. As péssimas condições de viagem, o tratamento precário nas "hospedarias oficiais" nos portos de desembarque, o início do trabalho nas fazendas ou nas colônias demonstraram os aspectos mais degradantes e dramáticos do ato de emigrar. A partir de 1888, começaram a chegar à Itália cartas de protesto provenientes do Brasil denunciando as fraudes e o despotismo da Sociedade Promotora de São Paulo. O monsenhor Scalabrini chegou a mencionar o conteúdo de algumas dessas, escritas por emigrados italianos no Brasil:

Não prestais atenção às cartas que alguém escreve; acreditai, estamos desesperados, em grande parte aqui morre-se de paixão e de fome...

Aqui estamos como os animais, sem padres, sem médicos. Não podemos sequer sepultar os mortos...

Estamos em uma selva grandíssima, cheia de bichos e mosquitos:

pedimos várias vezes a ajuda dos nossos cônsules, mas até agora não tivemos nenhuma resposta... (SORI, 1979:301)

Os emigrantes que partiam de Gênova, Nápoles ou Palermo chegavam aos portos de destino em verdadeiras caravanas formadas por jovens, velhos e crianças. Vestiam-se mal, levavam sacolas de pano às costas e, além do cansaço, demonstravam uma grande tristeza. Se, porventura, acontecia uma suspensão dos embarques para a América, criavam-se situações de grande desespero. Muitos chegavam aos portos sem grandes recursos, em geral com o mínimo para manter a si próprio e à família por poucos dias. Grande parte desses camponeses emigrantes se via reduzida à extrema miséria, tendo de recorrer à caridade pública (CORREA DOS SANTOS, 1999:211). Aqueles que deixaram a Itália entre o fim de 1800 e o início de 1900, fizeram a viagem em condições terríveis, pois vinham amontoados nas cabines de terceira classe dos navios superlotados. Muitos deles nunca haviam visto o mar.

Sentimentos de tristeza, insegurança e medo tomaram conta daqueles que deixavam suas aldeias para emigrar. Tanto assim que esse fenômeno ficou conhecido como a emigração da fome, conforme registros deixados por personagens dessa epopéia:

O navio escorregava devagar na semi-obscuridade do porto, quase furtivamente, como se levasse embora um carregamento de carne humana roubada. Eu fui até a proa, no lugar mais cheio de gente, que estava virada em direção à terra, olhando o anfiteatro de Gênova, que ia devagar se iluminando. Poucos falavam, em voz baixa. Via, de um lado e de outro, no escuro, algumas mulheres sentadas, com as crianças apertadas ao seio e com a cabeça entre as mãos. [...], *mas de repente a raiva irrompeu bruscamente: perto do castelo de proa uma voz rouca, solitária, gritou com sarcasmo:* Viva l'Italia *e, levantando os olhos, vi um velho que mostrava o punho fechado à Pátria...* (DE AMICIS, 1902:8)

A travessia de Gênova para o porto de Santos foi longa e penosa, contava tio Guerrado. Não posso esquecer. Amontoados e tristes como gado a caminho do matadouro, os imigrantes enjoavam nos porões escuros e quentes, ao lado das caldeiras do navio, um verdadeiro inferno. A gente ia agüentando sem reclamar. Todo mundo tinha um medo terrível de ficar doente e acabar morrendo em alto mar [...] (GATTAI, 2002:13)

O período de viagem variava de 20 a 30 dias, quando não havia problemas, o que não era muito raro. Durante a travessia muitas coisas aconteciam: doenças, mortes e nascimentos. Às vezes as doenças se transformavam em verdadeiras epidemias, devidas à falta de higiene pessoal e às condições precárias do navio. O número de passageiros costumava ultrapassar o dobro da capacidade permitida, a alimentação era escassa e de péssima qualidade e a sujeira contribuía para a proliferação de epidemias de malária, sarampo e cólera, entre outras.

No século 19, não havia lugar apropriado para se isolar um

doente no navio. Muitos ficavam infectados pelo contato, morriam e eram jogados ao mar. Com eles morriam também os sonhos de conseguir, um dia, "fazer a América". Enfim, a luta para sobreviver era tão grande quanto os sonhos. Pelo fato de os viajantes serem de distintas nacionalidades, tornaram-se comuns as desavenças entre eles e, até mesmo, divergências entre compatriotas. Em uma carta escrita por Francesco Constantin, originário de Biadene (Treviso, Vêneto), expedida em 8 de junho de 1889 da Colônia Angélica (São Paulo, Brasil), fica evidente o terror que um camponês experimentou sulcando o Atlântico que separava a terrível miséria italiana do grande sonho americano.

Não acho as palavras certas para descrever o transtorno de todo o navio, os choros, as rezas e as blasfêmias de quem havia decidido viajar, involuntariamente, durante a tempestade. As ondas aterrorizantes levantavam-se para o céu, e depois formavam vales profundos, o navio era atingido na popa, na proa e nos lados. Não irei descrever os espasmos, os vômitos e as contusões dos pobres passageiros não acostumados a este tipo de acontecimentos. [...] *Deixo de falar dos casos de morte, na média cinco ou seis por cento, e as orações ao Deus Supremo para que não surgissem epidemias contagiosas* [...] (FRANZINA, 1994:170)

Bortolo Rosolen, que viajou de Pieve di Soligo (Vêneto) para o Brasil, assim escreveu de Santa Teresa de Cordeiros, São Paulo, em 9 de março de 1889:

A viagem foi muito dura a ponto de que não aconselharei,

tampouco, ao meu cachorro que deixei na Itália, a fazer uma viagem destas. [...] *Chorando lhe descreverei que depois de alguns dias caíram doentes todos os meus filhos e as mulheres também. Nós que levamos onze filhos para a América agora ficamos com cinco, e os outros os perdemos.* (FRANZINA, 1994:150)

Igrejas e santuários eram edificados nos locais de chegada, repletos de ex-votos oferecidos por aqueles que conseguiram escapar de um naufrágio ou por quem havia passado a viagem inteira com medo do mar. Inúmeros foram os naufrágios envolvendo imigrantes italianos, inclusive de navios italianos pertencentes a armadores sem escrúpulos, como o caso dos navios Ortiga, em 24 de novembro de 1880, do Sudamerica em 1888, do Sírio, em 4 de agosto de 1906, e do Principessa Mafalda, em 1927.

Gian Antonio Stella publicou, em outubro de 2003, no jornal *Corriere della Sera* o artigo *Quando sulle carrette del mare c'eravamo noi* (Quando éramos nós que viajávamos nas carretas do mar), no qual recupera dois textos sobre esta questão: o de T. Rosati (*L'assistenza sanitária degli emigrati*) e o de Augusta Molinari (*Le navi di Lazzaro*), respectivamente:

[...] *O emigrante deita vestido e de sapatos sobre a cama, que serve também como depósito de trouxas e malas, as crianças deixam nela mijos, fezes e vômitos. Todos transformam a cama, depois de alguns dias de viagem, em uma casinha de cachorro. No fim da viagem, quando não é trocada, e isso acontece com freqüência, a cama fica como está, com sujeira e insetos, pronta para receber um novo viajante.*

A temperatura não é o único fator que, nos dormitórios, torna o ar irrespirável. Ajudam o vapor d'água e o gás carbônico da respiração, os cheiros de suor dos corpos, do vestuário dos adultos e das crianças, que, por medo ou por preguiça, não usam lugares apropriados para suas necessidades. O mau cheiro é tal que o pessoal do navio recusa-se a entrar nos dormitórios para lavar o chão.

De Amicis registrou o terror que os emigrantes, e em particular as mulheres, tinham ao saber que deveriam passar pela alfândega. Procuravam evitar a vistoria alfandegária com o objetivo de evitar o confisco dos raros objetos que levavam em sua bagagem:

> *Era comovente escutar de quais pobres coisas se tratasse, de presentes, na maioria das vezes, que levavam aos parentes ou amigos da América: uma garrafa de vinho* particular, *um* caciocavallo *(queijo), um salame, ou um quilo de doces de Gênova ou de Nápoles, um litro de azeite, uma caixa de figos secos, até um avental cheio de feijões, mas da própria casa, daquele canto da horta, do qual o parente ou o amigo devia se lembrar seguramente.* (DE AMICIS, 1983: 224)

Os principais portos de entrada no Brasil eram Rio de Janeiro, Santos e Salvador.

Aquela viagem miserável ainda não tinha acabado, contava tio Gerardo. Havia a maior confusão no porto, uma gritaria dos diabos, uma loucura! Eram filhos perdidos dos pais, eram pais procurando filhos no meio da multidão. Finalmente chegou alguém que levou todo mundo para um barracão. Separaram os homens das mulheres: homem para cá, mulher para lá. Eu era um menino de dez anos, grande, e não sabia se ficar do lado das mulheres, com minha mãe, de olho nas crianças. (GATTAI, 2000:15;18)

Após a exaustiva viagem, os imigrantes chegavam aos portos brasileiros onde os aguardavam os transportes com os quais seguiriam para as hospedarias em que permaneciam até ser contratados pelos fazendeiros. Em geral, durante sua estadia nesses gigantescos edifícios mantidos pelos governos de recepção, eles não podiam sair às ruas sem portar uma permissão especial. Ao desembarcar no porto do Rio de Janeiro, por exemplo, os imigrantes eram registrados e levados para a Hospedaria da Ilha das Flores e distribuídos pelas Casas dos Imigrantes.

Hospedaria da Ilha das Flores. Rio de Janeiro. (RECLUS, 1900. Gravura.)

Aqueles que tinham o estado de São Paulo como destino continuavam a viagem no mesmo navio até o Porto de Santos, e, uma vez chegados, eram levados de trem para São Paulo, onde

Cartão postal. Hospedaria dos Imigrantes de São Paulo, logo após a reforma, cerca de 1936/1937.

existiam três hospedarias. Uma delas ficava no bairro do Bom Retiro (na zona central da cidade) e comportava cerca de 2 mil pessoas. Esse espaço tornou-se uma vila de casas residenciais que ainda guardam, apesar do desenvolvimento urbano da região, as raízes de uma comunidade que, entre os anos de 1930 e 1940, chegou a uma população 100% italiana. Essas construções simbolizam, também, a vitória de muitas famílias italianas que migraram da zona rural para a capital, sendo hoje proprietárias de importantes indústrias e comércio.

As outras hospedarias ficavam no Brás e na Bela Vista. A hospedaria do Brás, construída em 1886, estava situada na Rua Visconde de Parnaíba, que no passado abrigou milhares de italianos. Nessa hospedaria, os imigrantes eram informados sobre o regulamento interno – impresso em seis idiomas –, recebiam refeições diárias e tinham acesso aos dormitórios, com divisões especiais para famílias e para os imigrantes solteiros.

Devido a sua história, ela foi transformada, em 1993, no Memorial dos Imigrantes. O acervo desse museu preserva fotografias, objetos, documentos oficiais, registros de depoimentos em vídeo, passaportes, atestados de nascimento, batismo, casamento e óbitos.

A emigração dos italianos fascistas e antifascistas para o Brasil

A chegada de Mussolini ao poder em 1922 teve grande impacto na política de emigração da Itália, pois, para o Estado fascista, os emigrantes eram vistos como um meio de irradiação das idéias políticas e dos produtos italianos. Assim, a emigração tornou-se parte integrante do projeto político do Estado fascista italiano.

Quem era Mussolini?

Benito Mussolini (1883-1945) iniciou sua carreira política como líder do Partido Socialista Italiano (PSI). Expulso do partido por suas posições intervencionistas, fundou o jornal Il Popolo d'Italia *(O Povo da Itália), através do qual sustentava a idéia da*

necessidade de um novo movimento nacional. Depois da Primeira Guerra Mundial criou, em Milão, em 1919, os fasci *de combate (feixes de varas, ligadas por cordas, entre as quais era inserido um manchete, que haviam sido usados como símbolo de guerra pelos etruscos e depois pelos romanos), com um programa anti-socialista, impregnado de nacionalismo e demagogia, que fascinou os ex-combatentes, os jovens, a pequena burguesia e as classes dos proprietários rurais e dos industriais. Em 1919, fundou o Partido Nacional Fascista (PNF), cujas brigadas usavam as "camisas pretas". Em 1922, com um ato de força, organizou uma marcha sobre Roma de milhares de fascistas italianos. Depois, com o apoio do rei Vittorio Emanuele III, obteve o cargo de primeiro-ministro (chefe do governo italiano). Iniciava-se, assim, a ditadura fascista que duraria até julho de 1943. Entre 1936 e 1939, Mussolini enviou tropas italianas à Espanha, ao lado de Franco, aliou-se com a Alemanha nazista em maio de 1939 e decidiu a intervenção da Itália na guerra ao lado de Hitler (junho de 1940). Depois do armistício da Itália com os Aliados, em setembro de 1943, Mussolini foi preso. Libertado em seguida pelos alemães, constituiu a Repubblica Sociale Italiana (Republica de Saló), em julho de 1945; fugindo de Milão, foi preso pelos* partigiani *(guerrilheiros) em Dongo e justiçado juntamente com sua amante, Claretta Petracci. Seus cadáveres foram levados para Milão, pendurados pelos pés no Piazzale Loreto e expostos à violência e às vexações do povo enfurecido.*

Se em 1926 Mussolini definia a emigração como uma necessidade para melhorar as relações econômicas e comerciais da mãe-pátria, nos anos sucessivos o governo fascista seguiu uma política de restrição ao fenômeno migratório. Considerando-se, porém, a situação econômica e política da Itália naquele período, poucas eram as alternativas capazes de resolver os problemas que atingiam o país, como, por exemplo, a exploração

Inauguração da sede do *fascio* italiano com a presença do cientista Guglielmo Marconi (1874-1937), inventor da telegrafia sem fio. (Fonte: S.E.I. 1936:p.177)

dos recursos minerais e agrícolas do território italiano. Mussolini iniciou operações de limpeza e beneficiamento dos pântanos e incentivou a produção de trigo. No caso da emigração, apresentou a idéia de um tipo de colonização denominada de "emigração tutelada". Para tanto, o emigrante teria de ser cuidadosamente escolhido com o objetivo de tornar-se um instrumento de propaganda da ideologia fascista. Para subsidiar as atividades desses emigrantes no exterior, eles teriam um suporte financeiro através de capitais distribuídos pelo Instituto de Crédito para os Italianos no Exterior.

Desde o início de suas atividades, o Partido Fascista (e, posteriormente, o governo fascista) procurou transferir seus ideais para seus concidadãos residentes no exterior. Nesse sentido, foram empregados todos os esforços para manter viva a italianidade entre os imigrantes e seus descendentes, além de inculcar a ideologia

Etiqueta do *fascio* de São Paulo *Filippo Corridoni*. (DOS SANTOS, 2001:capa)

fascista entre eles. Essa era uma forma de manter os laços entre as comunidades italianas espalhadas pelo mundo e a Itália fascista. São Paulo não fugiu à regra. A partir de 1923, começaram os esforços fascistas para cativar os italianos e seus descendentes residentes no estado de São Paulo A partir de 1928, com a chegada de um grupo de cônsules fascistas ao Brasil, os esforços de propaganda política foram redobrados e todos os meios possíveis foram empregados com o objetivo de inculcar o fascismo entre os imigrantes e seus descendentes.

O fascismo se serviu de duas vias principais para conseguir o consenso no seio da comunidade italiana radicada no Brasil. De um lado, procurou penetrar diretamente nessa comunidade através da expansão da rede consular e da implantação, em São Paulo, de órgãos fascistas propriamente ditos: os Fasci all'Estero, os Dopolavoro etc.

Do outro, o governo italiano, no decorrer das décadas de 1920 e 1930 – e, mais particularmente, em 1928, após a chegada em São Paulo do cônsul Serafino Mazzolini – agiu com a intenção de controlar os órgãos que davam vida à colônia italiana radicada no Brasil. Escolas, jornais e associações comunitárias foram colocadas sob o controle do fascismo italiano, que os transformava em novos instrumentos para a difusão dos valores do regime.

Desde seu início, o fascismo em São Paulo enfrentou a oposição de homens que não concordavam com as ações do regime de Mussolini. Já em 1919, periódicos de esquerda, ligados à colônia italiana, começaram a publicar textos contra o fascismo e

Mussolini. A primeira manifestação sistemática de antifascismo italiano em São Paulo aconteceu em 1923, com a fundação do jornal *La Difesa*, por iniciativa de Antonio Piccarolo (Itália, 1863–Brasil, 1947), um italiano socialista moderado radicado no Brasil desde 1908 e muito ativo na vida da coletividade. Esse jornal abrigava várias correntes antifascistas, entre as quais estavam os republicanos, os socialistas e os antifascistas ligados à Lega Italiana dei Diritti dell'Uomo (Lidu).

Em 1925, os antifascistas italianos aglutinados ao redor do jornal *La Difesa* conseguiram criar a primeira instituição antifascista: a Unione Democratica, sendo *La Difesa* seu órgão oficial. No início de 1926, uma assembléia da Unione Democratica fez com que ela se incorporasse à Lidu. Ainda nesse ano, Piccarolo abandonou – pelo que consta, por razões pessoais – a direção do jornal e a transferiu, apesar de continuar colaborando com o periódico, para o antifascista italiano Francesco Frola, recém-chegado da Europa. Frola introduziu alterações no jornal com a participação de novos colaboradores antifascistas e anarquistas italianos. À essa abertura se somaram outros fatores que levaram Frola a entrar em atrito com Piccarolo, disputando com ele o privilégio de se tornar o representante brasileiro da Concentrazione Antifascista

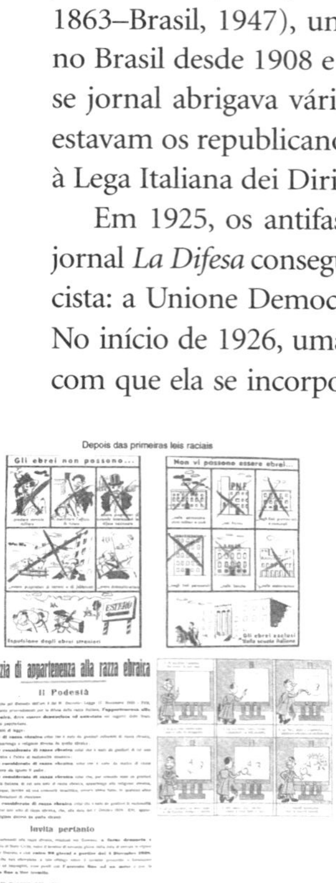

(TUCCI-KOSSOY, 2003:153)

(união de partidos políticos italianos antifascistas, com sede em Paris) e ter o controle do *La Difesa*.

A experiência desse jornal, conduzido por socialistas, foi muito importante para o antifascismo italiano no Brasil. Contemporaneamente, outros grupos e correntes mantiveram seus jornais e organismos de luta antifascista, como o *Bolletino del Gruppo Socialista Giacomo Matteotti, Il Becco Giallo*, de Nino Daniele, *I Quaderni della Libertà*, de Alessandro Cerchiai, *Italia Libera*, de Pasquale Petraccone, entre outros.

Em 1934, o mundo antifascista italiano de São Paulo começou a perder força, especialmente com o fechamento do jornal *La Difesa*. Mesmo assim, o antifascismo continuou sua luta. Dentre os vários antifascistas italianos refugiados no Brasil por perseguições políticas na Itália, podemos lembrar Luigi Bogliolo e Libero Battistelli.

Por um período de mais de 20 anos, ativistas pró e contra Mussolini disputaram a conquista política dos italianos radicados no Brasil. Estudos recentes têm demonstrado como a coletividade italiana, apesar de não ter aderido em massa aos organismos fascistas (Fasci all'Estero e Dopolavoro) apresentou firme simpatia por esse regime e tendência a recusar o antifascismo. O principal motivo para essa adesão veio da segunda geração dos imigrantes italianos que, até o advento de Mussolini, tinha, ainda, uma visão da Itália como "um país onde se morria de fome". Os ideais fascistas de transformar a Itália em uma potência, um novo Império Romano, fizeram com que os ítalo-brasileiros sentissem orgulho de poder falar sobre essa nova realidade italiana. Pela primeira vez, a maioria dos imigrantes, que vinham de diferentes regiões italianas, assumiu uma identidade única, a de "italianos", cidadãos de uma nação forte, comparável à Alemanha ou à França.

Lugares de destino: integração e exclusão

A economia colonial brasileira esteve, desde o seu nascimento, dependente da mão-de-obra escrava. A independência do Brasil em 1822 e a instituição do Império em 1808 em nada modificaram essa estrutura que, ao contrário, se tornou ainda mais acentuada. Com a interrupção do tráfico de escravos, em 1850, instituiu-se uma política de imigração com o objetivo de atrair estrangeiros para colonizar os espaços demográficos ainda não ocupados e para suprir a carência de mão-de-obra nos cafezais paulistas. O café, pela generalização de seu consumo no plano mundial, tornou-se o mais importante produto de exportação brasileiro, especialmente para os Estados Unidos.

Para o estado de São Paulo, cujo território era tão grande como a Itália, se dirigiu a maior corrente da imigração italiana: dos 4,1 milhões de estrangeiros entrados no Brasil entre 1886 e 1934, 56% foram absorvidos por essa região, com os italianos em primeiro lugar em relação às demais nacionalidades. O estado de São Paulo transformou-se na grande comunidade de destino de 44% da emigração italiana para o Brasil entre 1820 e 1888, e de 67% entre 1889 e 1919, atingindo seu ponto máximo entre 1900 e 1909, com 79%. Esses dados são expressivos de que os italianos contribuíram, de forma representativa, para o crescimento demográfico paulista. (TRENTO, 1989:107)

Modelo de contrato de trabalho aplicado aos colonos italianos direcionados para as fazendas de café no estado de São Paulo

Caderneta nº ....

Do colono.., provindo de..................., chegado dia.............de 192......., contratado por................., dono da fazenda chamada..................., situada no Município de................, os quais na condição de contratado e contratante, declaram junto a esta Agência Oficial aceitar todas as condições indicadas no presente contrato, seja particulares, seja gerais, e prometem cumprir com fidelidade todas as estipulações.

Declaram, também, concordar que suas relações entre contratado e contratante serão reguladas exclusivamente conforme as estipulações do presente contrato.

Além das fazendas de café do estado de São Paulo, os imigrantes italianos procuravam também os núcleos de colonização localizados principalmente no Rio Grande do Sul, Santa Catarina, Paraná e Espírito Santo. Alguns, na hora do desembarque, enganavam a vigilância portuária e, ao invés de seguir para as colônias, respeitando os contratos de trabalho, tomavam outros rumos. Assim, além dos trabalhadores rurais havia um segundo grupo que, por conta própria, se dirigia para os centros urbanos. Para as cidades, muitas vezes, também migravam aqueles trabalhadores dos cafezais que, desiludidos com as condições de vida oferecidas pelos fazendeiros, abandonavam os campos, procurando melhores condições de trabalho. Outros chegavam de países latino-americanos, como o Uruguai, onde também não haviam encontrado as condições favoráveis para reiniciar uma nova vida.

Na realidade, os italianos infiltraram-se em todos os estados do Brasil, até mesmo na Amazônia, onde, à beira dos grandes rios que desaguavam no Amazonas, dedicavam-se ao comércio fluvial. Como testemunhos dessa presença italiana no norte do Brasil, temos os espetáculos de óperas apresentados no grande Teatro Amazonas de Manaus. No auge do ciclo da borracha durante o século 19, ali se apresentavam cantores italianos que chegavam à cidade pelos navios da Ligure-Brasiliana, companhia de navegação que mantinha linha direta entre Gênova-Manaus.

Assim, a presença dos imigrantes italianos no Brasil pode ser estudada tendo como referência quatro importantes pontos de destino:

as fazendas de café do estado de São Paulo;
as colônias agrícolas da Região Sul;
as zonas ribeirinhas da Amazônia;
as principais capitais brasileiras.

Italianos nas fazendas de café

No estado de São Paulo, o café foi plantado, inicialmente, no litoral norte e expandiu-se em direção ao oeste, onde foi encontrado um tipo de solo extremamente favorável a seu desenvolvimento: a terra roxa. O cultivo espalhou-se rapidamente para as regiões rurais próximas de cidades paulistas, entre as quais Campinas, Sorocaba, Ribeirão Preto, Araraquara e São José do Rio Preto. Com esse desenvolvimento, os cafeicultores tornaram-se a classe social mais influente na sociedade brasileira, passando a interferir na vida econômica e política.

Os imigrantes italianos que foram para as fazendas de café do estado de São Paulo eram contratados pelos fazendeiros através da Hospedaria dos Imigrantes, localizada no bairro do Brás, em São Paulo. Daí iam de trem até a estação mais próxima da fazenda, seguindo em carroças ou a pé até seu local de destino. O contrato mais comum era o trabalho em regime de colonato (parceria), ou seja, moravam nas "casas de colonos" construídas dentro da fazenda, trabalhavam nas lavouras e, em troca, recebiam uma parte mínima em dinheiro e uma parte da colheita. Em alguns casos, podiam manter plantações de subsistência, de forma a garantir o próprio sustento.

O regime de colonato permitia a contratação de famílias inteiras de emigrantes, direcionadas para o cultivo de até 5 mil pés de café, com possibilidade de um pequeno ganho e poupança proporcionais ao número de pessoas que constituíam o núcleo familiar. As condições do contrato eram regulamentadas por leis que sempre beneficiavam os fazendeiros em detrimento dos trabalhadores. Assim, os colonos dificilmente conseguiam liquidar suas dívidas, o que os colocava em total dependência dos patrões. Raramente chegavam a conquistar sua independência. Perpetuando a mentalidade de donos de escravos, alguns patrões chamavam seus colonos de escravos brancos.

A difícil vida nas fazendas de café

As casas dos colonos eram em geral muito ruins: de madeira, de pedra ou de pau-a-pique. O chão era de terra batida e tinham poucas condições de higiene, condições estas às quais eram já acostumados na Itália. O lado pior da vida destes trabalhadores era o isolamento e a falta total de liberdade, sendo controlados continuamente pelos fazendeiros e seus capatazes. Até mesmo a agressão física era usada contra os imigrantes. As doenças também eram muito comuns: ancilostomíase, tracoma, conjuntivite, tifo, malária e febre amarela, além do "bicho do pé" (inseto que penetrava no pé causando infecções graves que podiam levar à morte). A falta de padres, de escolas e a violência contra as mulheres eram outros dos problemas sofridos pelos imigrantes nas fazendas.

As diversões eram, sobretudo, as festas com baile. Os que viviam em fazendas próximas de alguma cidade geralmente podiam ir até lá aos domingos, para ir à missa ou comprar algo. (TOLEDO, www.arquivo.ael.ifch.unicamp.br.)

No início do século 20, as condições nas fazendas eram tão ruins que muitos italianos optaram por retornar à Itália ou, movidos pelas utopias, emigraram para a Argentina, o Uruguai ou os Estados Unidos, onde existiam grandes comunidades de patrícios. Alguns desses colonos, porém, conseguiram vencer as dificuldades e, com sacrifício, acumularam um pequeno capital para comprar um pedaço de terra ou migrar para São Paulo, atrativa enquanto centro industrial. Parte preferiu investir no trabalho urbano, vindo a engrossar o operariado da capital paulista ou de outros centros urbanos dos estados do Paraná, Santa Catarina e Rio Grande do Sul.

A colonização italiana no Sul do Brasil

A colonização italiana no Sul do Brasil começou em 1875, quando os primeiros emigrantes desembarcaram no Rio de Janeiro, trazidos pelo navio Anna Pizzorno. Os colonos dirigiram-se para os estados do Rio Grande do Sul, Santa Catarina e Paraná, sendo encaminhados para áreas a ser colonizadas. Na maioria das vezes, eram terras pouco férteis, pois as melhores áreas já haviam sido ocupadas pela colonização alemã, iniciada em 1824. A esperança de adquirir uma propriedade no território brasileiro era, como já foi dito, um dos sonhos dos camponeses italianos que emigravam com toda a família fugindo da vida miserável na Itália. No entanto, as terras que encontraram disponíveis ficavam no meio da floresta tropical, o que

Desmatamento. (Fonte: CORTI, 1999:64)

ocasionou uma desastrosa obra de desmatamento. Era uma empreitada fatigante, aventureira e cheia de riscos, pois nem sempre tinham como legitimar a posse daquelas terras.

Diferentemente dos colonos alemães que já gozavam de uma eficiente organização comercial, escolar e religiosa, os italianos não dispunham de qualquer tipo de assistência e, além disso, suas terras eram desprovidas dos meios de comunicação necessários para o escoamento dos produtos ou para uma maior integração com o resto do país. Assim desamparados, tiveram que se dedicar a uma agricultura de subsistência. As mesmas condições foram vivenciadas pelos italianos em Santa Catarina, estado também ocupado por colonos alemães. Para este ponto de destino dirigiram-se os italianos trentinos que aí fundaram Nova Trento além de se espalharem pela área que ficou conhecida como dos "pomeranos", onde predominavam alemães, elemento étnico dominante. (TRENTO, 1989:86)

Os núcleos italianos de colonização que tiveram maior sucesso foram os de Bento Gonçalves, Garibaldi e Caxias, no Rio Grande do Sul, que deram origem às respectivas cidades. Da mesma forma como em Santa Catarina – onde os alemães já estavam estabelecidos –, os italianos encontraram poloneses no Paraná cuja imigração era anterior. Ainda que numericamente maior, essa população também enfrentava dificuldades para sobreviver. Comunidades menores de italianos foram constituídas no Espírito Santo e em Minas Gerais, onde, por volta de 1900, viviam cerca de 20 mil e 25 mil imigrantes, respectivamente (TRENTO, 1989: 100; 102).

A colonização italiana no estado de Santa Catarina foi analisada pela Associação Vêneta da Grande Florianópolis que, em 1998, publicou seus estudos na revista *Veneti Nel Mondo.* É importante ressaltar que a colonização do estado de Santa Catarina por agricultores europeus foi feita por razões distintas dos outros Estados. Esses colonizadores não serviram somente para fornecer mão-de-obra européia para trabalhar nas fazendas ou favorecer o processo de branqueamento da população, mas para povoar a região e defender as áreas de fronteiras do sul do Brasil sujeitas a influências e invasões dos países limítrofes, nesse caso, a Argentina.

A primeira colônia fundada em Santa Catarina foi a Nova Itália, em 1836, situada ao redor do Rio Tijucas. Tratava-se de 186 colonos, principalmente italianos de origem vêneta, além de alguns alemães e brasileiros. A colônia não teve muito sucesso, tanto pelos empreendedores, que se comportaram como escravistas, como pelas incursões dos índios, que mataram muitos colonos, além das freqüentes enchentes do rio. Em 1874, o governo imperial de dom Pedro II assinou um contrato com o empresário Caetano Pinto para a transferência de 100 mil colonos europeus para o Brasil durante dez anos. A organização de Caetano Pinto usou uma tática especial para recrutar os candidatos à emigração: dezenas de homens percorreram o norte da Itália com o objetivo de convencer os camponeses a emigrar. Entre 1874 e 1877, transformaram as estações ferroviárias das cidades mais próximas em pontos de encontro para quem desejasse trabalhar no Brasil. Depois, os emigrantes eram distribuídos conforme os portos de saída: Gênova, na Itália, Marselha e, Le Havre, na França. Após desembarcar no Rio de Janeiro, eram levados diretamente para o Porto de Paranaguá no estado de Santa Catarina, onde eram alojados nas hospedarias. A permanência nesses locais variava de alguns dias a várias semanas.

As terras às quais os emigrantes italianos eram destinados para o trabalho eram matas virgens, num ambiente físico totalmente diferente de seu país de origem, motivo pelo qual os colonos brasileiros tornaram-se indispensáveis para sua sobrevivência. Com eles os recém-chegados aprenderam a se defender das intempéries, a conhecer os animais e as estações do ano, a construir cabanas feitas com troncos de árvores de palmito amarrados entre si e cobertos de argila e terra. O telhado era, no início, recoberto de folhas de guaricanga, o piso de terra batida, e os móveis confeccionados artesanalmente com troncos de árvores.

Os emigrantes tiveram de se adaptar aos novos costumes higiênicos, alimentares e climáticos, mudança comportamental e mental que exigia muita paciência. A maioria conseguiu preservar parte de sua cultura graças a seus valores religiosos e éticos. O isolamento dessas comunidades em meio à mata tropical garantiu a preservação de suas tradições e a prática dos dialetos trazidos das aldeias de origem. Será a preservação dessa identidade – a *italianità* – que vai ser combatida pelo governo Vargas, o qual, a partir de 1938, invectivou contra as diversidades étnicas e políticas.

São raros os dados populacionais que expressam o número de camponeses que colonizaram o estado de Santa Catarina, visto que muitos documentos pertinentes foram perdidos. Conforme as estatísticas elaboradas em 1901 pelo príncipe Gherardo Pio di Savoia, na época cônsul em Florianópolis, teriam entrado em Santa Catarina mais de 26.888 imigrantes até o ano de 1900. Hoje, seus descendentes formam cerca de 65% da sociedade catarinense.

Os imigrantes italianos conquistaram o estado de Santa Catarina aos poucos, valendo-se de seus instrumentos de trabalho e de sua vontade de vencer. Muitas de suas colônias, localizadas em meio à mata virgem, eram compartilhadas com os nativos índios caingangues, e foram transformadas em aldeias, vilas e até cidades. Alguns colonos, após o período correspondente à fase de fixação e adaptação à nova terra, enfrentaram dificuldades, tendo em vista os baixos salários e as desavenças com os brasileiros, geralmente por questões de posse de terras e dívidas acumuladas com os patrões e administradores das colônias.

No caso da colonização italiana no estado do Espírito Santo, os resultados não foram positivos, apesar de o local ter condições climáticas e de cultivo semelhantes à dos estados sulinos e da Itália. Os colonos careciam de meios de comunicação, situação que favorecia o isolamento e dificultava a comercialização de seus produtos. Em Minas Gerais, a colonização foi dificultada devido ao fato de que, até 1893, os imigrantes tinham de reembolsar 2/3 da passagem aos agentes de viagem, além de ser obrigados a atender os próprios fazendeiros, que exigiam uma contribuição para o financiamento da operação. Foi necessário que o governo assumisse todos os encargos da viagem e estipulasse contratos com particulares a fim de garantir um fluxo contínuo da Itália para o Brasil. Das quatro empresas que assumiram essa tarefa, três eram italianas (Vincenzi e Filho, Camillo Cresta, Cavenzi e Gallesi) e uma portuguesa. (TRENTO, 1989:100)

Italianos no burburinho das cidades

Em São Paulo, os imigrante italianos se estabeleceram principalmente nos bairros do Bom Retiro, Mooca e Brás. Esse último – que, em 1886, tinha 6 mil habitantes – sete anos depois era cinco vezes maior, sendo os italianos a maioria. O bairro transformou-se numa espécie de "pequena Itália" e em suas ruas se falava mais o italiano do que o português. Foi uma época de muitas brigas entre italianos e brasileiros; era nesse lugar que os nacionalistas brasileiros chamavam os italianos pelos apelidos de carcamanos, pé-de-chumbo, calcanhar de frigideira, dentre outros. Com o passar do tempo, o Brás foi perdendo essa característica italiana para assumir, cada vez mais, um perfil nordestino, tendo em vista o incremento do comércio de alimentos e roupas, assim como da cultura regional preservada pelos migrantes brasileiros.

No estado de São Paulo, os municípios onde mais se fez sentir a presença dos italianos foram aqueles localizados ao longo das ferrovias que serviam a região oeste do estado. Transferidos da Hospedaria dos Imigrantes, com sede na capital, foram contratados para o trabalho nas lavouras de café que, entre 1893 e 1910, faziam a riqueza do país. Em 1903, por exemplo, São José de Rio Pardo chegou a ser considerada uma "cidade vêneta", pela presença marcante de imigrantes italianos provenientes dessa região.

A pequena cidade de Mauá, que se encontra a 25 quilômetros de São Paulo, em 1953 foi emancipada, se tornando Município de Mauá, autônomo a partir de 1º de janeiro de 1954. No entanto, o aniversário da cidade é comemorado a partir de 8 de dezembro 1954, dia da padroeira da cidade, Imaculada Conceição. Os italianos, porém, já ocupavam aquele território desde 1877. Esses imigrantes – mais conhecidos como escarpelinhos ("quebradores de

Figuras características de imigrantes italianos no começo do século 20. (Fonte: FANFULLA, 1906:766-769)

pedras") – instalaram naquela região as primeiras pedreiras do estado. Uma delas, hoje já desativada, está localizada no Parque da Gruta de Santa Luzia, nas proximidades da nascente do Rio Tamanduateí.

Muitos imigrantes italianos tornaram-se donos de oficinas e de casas comerciais. É interessante constatar que, no início do século 20, a mão-de-obra na produção de calçados em São Paulo era formada especialmente por italianos. É o que evidencia um documento britânico citado no livro do economista Wilson Suzigan, *Indústria Brasileira* (SUZIGAN, 1986:180). O escritor informa também que a empresa de sapatos Clark costumava empregar muitos operários italianos, especializados na administração técnica da fábrica.

Alguns italianos conseguiram fazer fortuna no Brasil, como, por exemplo, Francesco Matarazzo (Itália, 1854–São Paulo, 1937), reconhecidamente o chefe da colônia italiana de São Paulo e de todo o Brasil.

Outro empresário importante foi Rodolfo Crespi, que disputou com Matarazzo a liderança no seio da colônia italiana. Em 1893, casou com a filha de outro italiano, Rigoli, dono de uma loja de tecidos e, junto com o sogro, fundou, em 1897, um cotonifício, em 1913, um lanifício, seguido por uma fábrica de chapéus. A terceira personagem em ordem de importância econômica foi Alessandro Siciliano. Este último havia chegado no estado de São Paulo, mais exatamente em Piracicaba, em 1869, aos 9 anos de idade, para unir-se ao tio e ao irmão que ali se haviam estabelecido, dedicando-se ao comércio. Teve sucesso e, em 1887, depois de ter vendido sua loja, foi para São Paulo, onde, dois anos mais tarde, fundou a Companhia Mecânica e Importadora, que em 1869 empregava 320 operários, e o Banco Ítalo-Brasileiro. Seguiram, entre outras, uma fábrica de cerâmica e tijolos, uma de maçanetas e materiais sanitários, uma de óleos (no Rio de Janeiro) e a Companhia Frigorífica e Pastoril, de Barretos, que foi a primeira a enviar carne congelada para a Itália. (TRENTO, 1989:144; 145)

Brasil, país multiétnico

Multiétnico é um termo que define a presença simultânea em um mesmo espaço físico de diferentes grupos étnicos distintos por seus patrimônios culturais. Mas nem sempre o Estado republicano e a sociedade brasileira aceitaram positivamente a presença de culturas étnicas minoritárias no território nacional. A trajetória de muitos grupos imigrantes deve, portanto, ser interpretada também sob o prisma da intolerância, da indiferença às diferenças culturais em geral. O fato de o emigrante ser tratado como um "eterno estrangeiro" implica, na maioria das vezes, exclusão social e auto-enclaustramento.

A integração dos imigrantes italianos na comunidade de destino exigiu, por parte deles, a adoção de modelos de comportamento que, adaptados, contribuíram para reduzir progressivamente a heterogeneidade cultural. Ao governo republicano não interessava, de fato, que os imigrantes preservassem seus valores de origem, razão pela qual foram estabelecidas, com freqüência, leis de incentivo à nacionalização dos grupos estrangeiros. No entanto, o processo de assimilação se fez de maneira lenta e com dificuldades, entre as quais o uso corrente da língua portuguesa.

Recém-chegados, os imigrantes italianos procuravam aprender algumas palavras em português para conseguir sobreviver, mas raramente procuravam os brasileiros para se comunicar, fator que dificultava sua integração social. Demorava muitos anos para que o imigrante se adaptasse ao novo ambiente social, aprendendo a conviver com os usos e costumes do país hospedeiro. Apesar de sentir saudade de sua pátria, os italianos procuravam deixar sua condição de imigrantes para se tornar cidadãos brasileiros. Mesmo assim, os italianos foram alvo da xenofobia, postura que incitava a desconfiança e os conflitos sociais. Inúmeros são os casos de discriminação e intolerância para com os italianos imigrantes. Como exemplo, podemos citar a situação vivenciada pelos colonos italianos radicados no Rio Grande do Sul. Nas colônias sulinas, esses imigrantes raramente tinham acesso à administração local, restrita aos funcionários da Comissão de Terras, que exercia papel preponderante para o desenvolvimento do município. Essa comissão era responsável pela demarcação e financiamento de terras, cadastramento de imigrantes, construção de hospedagens e abertura de caminhos. Encarregava-se, também, de fornecer alimentos, material agrícola, sementes, assistência médica, além de aferir dados demográficos e climáticos de produção e exportação, bem como locar a sede do município e promover a urbanização. Apesar da variedade de etnias que para aqui vieram, o controle da colonização estava a cargo de descendentes portugueses.

As novas gerações favoreceram a integração dos italianos na sociedade acolhedora, transmitindo a seus pais e parentes os conhecimentos lingüísticos e culturais adquiridos nas escolas brasileiras. Mesmo assim, procuraram preservar elementos de sua identidade de origem, ainda que o Estado brasileiro tenha procurado, entre os anos de 1938-1945, diluir os traços das nacionalidades estrangeiras através de um intenso programa pró-assimilação. Basta lembrar o conjunto de leis nacionalistas promulgadas durante o Estado Novo com o objetivo de reprimir as culturas estrangeiras interpretadas como "fatores de erosão da cultura brasileira".

Laços de sociabilidade: associações, escolas, hospitais

Os imigrantes italianos que permaneceram no Brasil procuraram, apesar das leis nacionalistas de 1938, preservar sua identidade cultural, que lhes garantia a ligação com suas comunidades de origem. Formaram pequenas associações que estimularam a interação da comunidade italiana, unida por seu idioma, tradições e religião. A vida associativa dos italianos no Brasil iniciou-se mesmo antes do fenômeno da emigração em massa. Essa necessidade de reunir-se em círculos e sociedades, com fins predominantemente de socorro mútuo, foi uma exigência imprescindível dos primeiros imigrantes, inclusive nas regiões brasileiras que se encontravam mais afastadas dos grandes centros urbanos e com reduzida presença italiana, como Pará, Paraíba, Amazônia etc. (TRENTO, 1989:170-177)

Podemos distinguir múltiplas formas de associações que se tornaram comuns nas cidades eleitas pelos imigrantes como sua comunidade de destino: sociedades de mútuo socorro, associações políticas, sindicatos.

Sociedades de Mútuo Socorro – Procuravam ajudar seus sócios e suas famílias em caso de doença ou morte. Em 1854, foi fundada no Rio de Janeiro, a Società Italiana di Beneficienza que, em 1875, fundiu-se com a Società di Mutuo Soccorso, criada em 1874. Esta, em 1908 – com o nome pelo qual era mais conhecida, La Beneficienza – contava com 340 inscritos. Na cidade de Bagé, no estado do Rio Grande do Sul, nascia em 1871 a Società Italiana de Mutuo Soccorso e Beneficienza e, em São Paulo, a Società di Mutuo Soccorso "Leale Oberdank", fundada em 1889.

Associações – Representavam os diferentes grupos políticos que difundiam suas idéias através de jornais e conferências. Enquanto os partidos políticos brasileiros estavam extintos desde 1937, núcleos do *fascio* expandiam-se pelo território nacional. Um exemplo era o Fascio de Campinas, o Circolo Italiani Riuniti, a Opera Nazionale Dopolavoro, além da Escola Gabriele d'Annunzio, que doutrinava centenas de alunos ítalo-brasileiros nos moldes da ideologia fascista. Em São Paulo, podemos citar o Circolo Operario Italiano, a Società Protettrice delle Scuole Italiane, o Fascio Cesare Battisti, entre muitos outros (DOS SANTOS: 2001, 29).

O Circolo Italiano nos anos 50. Criado em 1911, o clube ocupava um palacete na esquina das Avenidas São Luís com Ipiranga. Na década de 60 o casarão cedeu o lugar ao imponente Edifício Itália, na Avenida Ipiranga, Centro de São Paulo.

Mas as associações mais importantes da coletividade italiana foram a Sociedade Italiana de Beneficência, formada com a contribuição financeira de algumas personalidades eminentes, entre as quais se destacava Matarazzo, que, em 14 de agosto de 1911, inaugurava o Hospital Humberto I, em São Paulo, com a presença do ministro da Itália no Rio de Janeiro, príncipe Di Cariati, e o Circolo Italiano, fundado em São Paulo, no mesmo ano. Esse último pode ser considerado como a única e exclusiva expressão da classe dominante italiana, dirigido pela elite intelectual do próprio círculo.

Entre as sociedades italianas de São Paulo, cumpre citar o Palestra Itália, que ocupa um lugar importante na história da cidade e do esporte paulistano, seja por suas atividades, seja pelo elevado número de sócios. Mesmo porque, ao longo de sua existência, sempre reuniu grande quantidade de jovens em torno de sua bandeira. Fundado em 26 de janeiro de 1914, o clube Palestra Itália teve, inicialmente, uma função recreativo-esportiva. Mais tarde, a parte recreativa passou para segundo plano e a paixão pelo futebol ganhou importância.

O Palestra Itália teve seu primeiro campo esportivo no bairro da Vila Madalena e o primeiro jogo de futebol aconteceu em 24 de janeiro de 1915. Em 1920 conquistou, pela primeira vez, o campeonato entre os times da cidade de São Paulo. Em 1940, por imposição das leis nacionalistas do governo Vargas, essa associação passou a se chamar Palmeiras. Além dessa, outras associações esportivas foram fundadas por italianos, como o Clube Esperia de remo, em 1889, e o clube de futebol Corinthians, que nasceu da vontade de quatro operários italianos do bairro do Bom Retiro, em São Paulo. O primeiro presidente do time foi Michele Battaglia.

Associações esportivas de origem italiana. (Montagem)

As escolas italianas foram também numerosas no estado de São Paulo, chegando a manter uma população escolar de milhares de alunos. O maior desenvolvimento das escolas italianas aconteceu entre 1895 e 1919, período em que chegaram ao número de 57 sedes de ensino (S.E.I., 1936:219). As escolas nasciam e morriam com extrema facilidade, porque a maioria dos imigrantes italianos, com o passar do tempo, preferia que seus filhos estudassem em escolas brasileiras. O objetivo era fazer com que se adaptassem e assimilassem mais facilmente a cultura local. No estado do Rio Grande do Sul, as escolas italianas eram basicamente rurais, devido ao grande número de colônias agrícolas, enquanto no estado de São Paulo eram, na sua maioria, urbanas. Muitas estavam sediadas em construções modestas e se limitavam ao ensino primário – que antigamente era chamado "saber ler, escrever e contar" –, tendo sempre em seu currículo o ensino, apesar de mínimo, da história da Itália e do idioma italiano.

Na cidade de São Paulo, o Instituto Médio Ítalo-Brasileiro Dante Alighieri destacou-se como a maior e mais sólida das organizações escolares italianas no Brasil. Fundado em 1911, se mantém em atividade ainda nos dias de hoje, com sede na Alameda Jaú, 1061, em São Paulo, capital. Durante a época fascista, seus diretores seguiam as diretivas do governo italiano, sendo uma delas a obrigação, entre os alunos, de cumprimentar-se com a saudação fascista. Após a entrada do Brasil na Segunda

Os alunos no pátio do Colégio Dante Alighieri, São Paulo, 1942.

Guerra Mundial, ao lado dos Aliados, o colégio passou a se chamar Visconde de São Leopoldo, retomando seu nome original algum tempo após o conflito.

Sindicatos – Também chamados ligas, reuniam os trabalhadores que se organizavam para reivindicar seus direitos e melhores condições de trabalho, por exemplo, a redução das horas de trabalho, melhores salários etc.

Misturado com uma massa amorfa de emigrantes, chegava um número limitado de operários conscientes da organização, os combatentes que haviam participado da Internacional, do Partido Operário ou, mais tarde, o Partido Socialista Italiano, revolucionários, legalistas, até anarquistas e, às vezes, só corporativistas. Foram eles que iniciaram o movimento revolucionário no Brasil [...] *ajudados, também, por alguns brasileiros e por um número menor de espanhóis.* (TRENTO, 1989:217)

A imprensa em língua italiana

Inúmeros foram os jornais que circularam no Brasil em língua italiana. Alguns eram independentes, enquanto outros serviam de porta-voz aos diferentes grupos políticos, identificados por seu ideário socialista, anarquista, antifascista, fascista e, até mesmo, sindicalista. Entre esses jornais, o único que sobreviveu é o *Fanfulla*, periódico fundado, em 1893, por Vitaliano Rotellini, que copiou o nome de um jornal homônimo publicado em Florença, em 1870. *Fanfulla* era a alcunha de um personagem: um guerreiro da cidade de Lodi, perto de Milão, no século 13.

O *Fanfulla* nasceu como jornal humorístico ilustrado, mas no sétimo número deixou o humorismo e transformou-se em um jornal político bissemanal. A redação localizava-se na Rua 25 de Março, em São Paulo, servindo, ao mesmo tempo, como escritório administrativo, oficina de impressão e paginação. Da redação do *Fanfulla* participaram, também, jornalistas provenientes da Itália e da Argentina, sendo muitos os correspondentes de todos os centros urbanos do país. O jornal apoiava a participação dos italianos nas lutas políticas e administrativas do Brasil. Para o suplemento literário desse jornal colaboraram importantes escritores italianos, como, por exemplo, o poeta Gabriele d'Annunzio. Todos os anos o *Fanfulla* distribuía a seus assinantes uma edição especial do *Almanacco Italiano* produzido pela Editora Bemporad, de Florença.

Sede do jornal Fanfulla. (FANFULLA, 1906:959)

O *Fanfulla* funcionou como jornal diário até 1965, mas a partir de 1966 passou a ser editado semanalmente, com o nome *La Settimana del Fanfulla*. Durante a época fascista, o *Fanfulla* vestiu a *camicia nera*, como pode ser constatado em algumas notícias publicadas nas edições dos dias 4, 5 e 6 de maio de 1938, respectivamente:

Em Roma, maravilhosa de belezas antigas e vivas, recebido pelo Rei Imperador (Vittorio Emanuele III) e pelo Duce, chegou ontem Adolf Hitler [...]

O Rei Imperador e o chefe da Alemanha brindam à fortuna das duas Nações [...]

Nas águas das mais bonita bahia do mundo, a frota da NOVA ITÁLIA exibe ao mundo sua potência. O Rei, Mussolini e Hitler assistem às manobras navais.

Amostragem dos jornais italianos publicados no Brasil (1836 - 1948)

Ano	Cidades - Estados	Jornais
1836	Rio de Janeiro - RJ	*La Giovane Italia*
1881	Rio de Janeiro - RJ	*La Voce del Popolo* - em 1893, *La Voce d'Italia*
1883	Pelotas - RS	*Il Venti Settembre*
1885	São Paulo - SP	*La Lotta*
1886	São Paulo - SP	*Gli Italiani al Brasile*
1889	São Paulo - SP	*Il Fulmine*
1891	São Paulo - SP	*Il Messaggero*
1891	Rio Claro - SP	*La Libertà*
1892	Curitiba - PR	*L'Italia*
1893	São Paulo - SP	*Fanfulla*
1893	Curitiba - PR	*Il Lavoratore* (anarquista)

1898	Belém - PA	*L'Eco del Pará*
1900	Araraquara - SP	*La Colonia Italiana*
1901	Urussanga - SC	*La Patria*
1903	Jaú - SP	*L'Araldo*
1904	São Paulo - SP	*Il Giorno*
1905	Piracicaba - SP	*Il Popolo*
1907	Ribeirão Preto - SP	*Il Messaggero*
1908	Rio de Janeiro - RJ	*Il Patriota*
1910	Garibaldi - RS	*Il Colono Italiano*
1913	Caxias - RS	*Cittá di Caxias*
1917	Curitiba - PR	*La Sentinella d'Italia*
1922	São Paulo - SP	*Dux* (primeiro periódico fascista de São Paulo, ainda existente em 1937)
1923	São Paulo - SP	*La Difesa* (antifascista)
1924	Belém - PA	*L'Eco d'Italia*
1925	Rio de Janeiro - RJ	*L'Italico* (órgão do fascismo do Rio de Janeiro)
1928	Paraná	*La Patria Fascista*
1931	São Paulo - SP	*L'Itália* (antifascista)
1933	Rio Grande do Sul	*La Nuova Itália* (fascista)
1934	Porto Alegre - RS	*La Patria Fascista*
1935	São Paulo - SP	*Noi* (fascista)
1937	São Paulo - SP	*Giovinezza* (semanário publicado pela Segreteria Federale dei Fasci degli Stati di São Paulo e Mato Grosso. Distribuição gratuita aos filiados)
1937	Riberião Preto - SP	*Il Littorio*

1946	São Paulo - SP	*A Voz da Itália*
1947	São Paulo - SP	*Nuovo Fanfulla*
1948	São Paulo - SP	*Tribuna Italiana - Libera voce degli italiani all'estero* (fascista)

Fonte: TRENTO, 1989: 489-619

Emigração dos judeus refugiados do fascismo italiano

A partir de 1938, portanto sob o regime fascista de Mussolini, entrou em vigor na Itália um conjunto de leis raciais que discriminavam os judeus italianos como uma raça inferior. O primeiro ato público contra os judeus foi o Manifesto do Racismo, tornado público em 26 de julho de 1938 e assinado por eminentes cientistas fascistas, professores nas universidades italianas. Esse documento anti-semita estabelecia, por meio de dez afirmações categóricas, as bases do racismo fascista, em consonância com o programa anti-semita sustentado pelo Terceiro Reich. O nono item desse decálogo afirmava que "os judeus não pertencem à raça italiana". Ao manifesto seguiu-se a primeira lei anti-semita (R.D.L., de 5 de setembro de 1938, n. 1390), que expulsava todos os judeus das escolas de qualquer grau.

Como na Itália eram muitos os casamentos mistos (entre judeus e católicos), o Estado fascista resolveu estabelecer quem devia ser ou não considerado judeu. Com essa finalidade, entre 6 e 7 de outubro de 1938, foi elaborada a Carta da Raça, que estabelecia o seguinte:

1) é de raça judaica quem nasce de ambos os pais judeus;

2) é considerado de raça judaica quem nasce de pai judeu e de mãe não judia (o contrário da lei judaica que confere à mãe a transição da identidade judaica do/a filho/a);

3) é considerado de raça judaica quem, apesar de ter nascido de um casamento misto, professa a religião israelita;

4) não é considerado de raça judaica quem, apesar de ter nascido de um casamento misto, professa outra religião em data de 1-10-1938.

Da publicação do Manifesto de 1938 até 1943 (quando foi assinado o armistício entre os italianos e os Aliados), foram publicados leis e decretos que regulavam a vida dos judeus italianos que, discriminados e excluídos da vida pública, não tinham mais condições de continuar a viver na Itália. Essa política teve significativas conseqüências a partir do ano de 1938, com a fuga de milhares de judeus da Itália. Anunciava-se, com esse acontecimento, um novo fenômeno em relação às antigas tradições dos judeus na península italiana e à rápida integração dos judeus italianos no cenário do Estado unitário. Esse fato subvertia a situação preexistente e traduzia eficazmente, em suas formas, modalidades e dimensões, o trauma que a discriminação racial representava para os judeus que se consideravam "cidadãos italianos", com identidade judaica.

Conforme o levantamento da Direção Geral para a Demografia e a Raça do Ministério do Interior (conhecida como *Demorazza*) de 28 de outubro de 1941, 5.820 judeus de nacionalidade

Denúncia de pertença à raça judaica e anedotas sobre judeus (IESI, 1944:170). Composição da autora.

italiana haviam deixado definitivamente o país, o equivalente a 12,6% da população judaica, que, segundo o censo racista de 1938, totalizava 46.189 judeus italianos. Esse número incluía os indivíduos com progenitores judeus, considerando, também, os que tinham um único progenitor judeu. Nesse caso, o número total atingia a escala de 57.425 judeus (SARFATTI, 1994:136). Entre 1922 e 1938, os judeus italianos dividiram-se em fascistas e antifascistas, apresentando diferentes graus de observância religiosa. As leis raciais, no entanto, anularam essas diferenças, reduzindo todos eles a um denominador comum: a origem judaica.

É interessante ressaltar que, para os judeus religiosos e para os sionistas, o anti-semitismo favoreceu a emigração dos judeus italianos para a Palestina. Para os antifascistas, o racismo não constituiu um trauma, pois eles já haviam considerado que o fascismo italiano não seria diferente do nazismo na Alemanha. Inclusive, muitos judeus alemães haviam se refugiado na Itália após a promulgação das leis racistas de Nüremberg, na Alemanha, em 1935. Para eles, então, o anti-semitismo italiano não era uma surpresa e a emigração era encarada como uma conseqüência lógica.

O impacto maior atingiu diretamente os judeus que, apesar de conscientes de suas origens judaicas, tinham orgulho de sentir-se italianos e, em muitos casos, também fascistas. Para todos os que escolheram deixar a Itália, a emigração representou uma escolha radical, motivada pelo medo do futuro, da marginalização devido a um forçado e imprevisto afastamento dos valores que antes eram comuns a todos os italianos e que, após 1938, os levava ao destino incerto dos refugiados políticos. Do ponto de vista político, essa emigração favoreceu novas atitudes em muitos jovens educados durante o regime fascista, além de contribuir para fortalecer os grupos de resistência ao fascismo através da ação daqueles que estavam no exílio. Segundo Aldo Garosci e Renzo de Felice, nem todos os refugiados raciais

> [...] *participaram ativamente da luta política; muitos haviam sido fascistas ou continuavam sendo; outros, ainda, tinham interesses exclusivamente privados. Porém o núcleo dos refugiados raciais trouxe na emigração um renovado contato com a situação italiana e uma contribuição das capacidades intelectuais e organizativas que, especialmente com o passar do tempo, não foi indiferente. A presença no exterior, e também em países longínquos*

como o Brasil, de homens como Giorgio Mortara, Attilio Ascarelli, Giorgio Liebman – para citar alguns – foi, sem dúvida, uma contribuição ao prestígio intelectual do antifascismo emigrado. (GAROSCI, 1953: 192-193; DE FELICE, 1993:439)

Os judeus italianos que chegaram ao Brasil entre 1939 e 1941 totalizam cerca de 500 pessoas, configurando uma emigração de dimensão quase irrelevante, se comparada com a grande emigração italiana iniciada no século 19 e a dos judeus asquenazes refugiados do nazismo alemão. Esse fluxo emigratório de judeus italianos se distinguia das levas anteriores por ser constituído de elementos da burguesia provenientes das regiões centro-setentrionais da Itália, diferenciando-se dos emigrantes proletários saídos do norte e do sul do país. Importantes diferenças poderiam ser constatadas entre os judeus italianos e seus correligionários que provinham do Leste europeu. Eles não falavam o iídiche, não apresentavam, nas roupas que usavam, aqueles traços exteriores da ortodoxia religiosa que tornavam perceptível a diversidade judaica.

As famílias dos judeus refugiados do fascismo eram menos numerosas. Pertenciam na maioria à classe média, eram comerciantes, pequenos industriais, professores, advogados, médicos, securitários, empreendedores, aos quais a benevolência e a corrupção dos funcionários italianos havia permitido trazer algum dinheiro para as despesas mais urgentes. Competências profissionais e relações pessoais precedentes consentiram, a muitos deles, uma inserção menos traumática no cotidiano brasileiro.

Muitos, porém, modificaram radicalmente as próprias atividades, renunciando temporariamente a seus direitos profissionais, além de demonstrar auto-estima, força interior e vontade para recomeçar a vida.

É preciso considerar a presença no Brasil de três grandes mestres italianos, Tullio Liebman, Tullio Ascarelli e Giorgio Mortara, que influenciaram, o primeiro, a renovação dos estudos de direito processual, dando nascimento à chamada Escola Processualística Paulista, o segundo, a fundação do Instituto de Direito Comercial Comparado. O estadista Giorgio Mortara foi autor de muitas obras sobre a evolução da população brasileira e, em 1948, atuava como assessor técnico do IBGE e diretor do Laboratório de Estatística.

Além deles, acharam refúgio e possibilidade de trabalho no Brasil vários professores universitários italianos, como o químico Giorgio Renato Levi, o fisiólogo Carlo Foá, o médico radiologista Livio Tullio Pincherle (irmão da atriz Nídia Lícia), Giorgio e Maria Schreiber.

Alguns desses refugiados judeus italianos retornaram à Itália após a Segunda Guerra Mundial. Mas, numerosos foram aqueles que optaram por permanecer no Brasil. Giuseppe Prezzolini, em 1954, conseguiu muito bem expressar os sentimentos de um imigrante:

> [...] *é difícil emigrar duas vezes, recomeçar duas vezes a edificação de uma vida, a inserção social de uma família, recomeçar com um trabalho diferente.* (PREZZOLINI, 1954:537)

Os judeus italianos que chegaram ao Brasil entre 1939 e 1941, fugindo das leis raciais aplicadas pelo governo de Mussolini, deviam ser identificados como "refugiados do fascismo", pois tinham uma condição diferenciada de um imigrante comum: eram considerados como representantes de uma "raça" inferior, haviam sido expulsos de seus empregos, a maioria possuía formação universitária ou técnica e havia perdido seus direitos de cidadania italiana. É preciso lembrar que após a Primeira Guerra Mundial e durante o período entre guerras, muitos foram os movimentos nacionalistas e anti-semitas contrários à entrada de estrangeiros no Brasil. Tanto Alberto Torres (advogado e jornalista) como Gustavo Barroso (literato e teórico do integralismo) e Oliveira Vianna atuaram em defesa do trabalhador nacional, branco e católico, que, segundo seus escritos, sofria a "concorrência desleal" do trabalhador estrangeiro. Segundo um grupo de intelectuais, médicos, psiquiatras e diplomatas, o imigrante – caso não fosse selecionado sistematicamente – simbolizaria o inimigo externo, portanto um verdadeiro perigo para a nação. (CARNEIRO, 2003)

A vertente da diplomacia, que interpretava o imigrante judeu como um indesejável, encontrou espaço para agir no Conselho de Imigração e Colonização, criado pelo governo Vargas em 1938. Suas idéias foram, em grande parte, publicadas na *Revista de Imigração e Colonização*, periódico porta-voz do discurso nacionalista e xenófobo do governo Vargas. Para esse grupo, com raras exceções, o imigrante judeu era sempre desajustado, já que tinha ambições econômicas ou porque não tinha "apego" à terra por ser um apátrida ou perseguido político.

O debate sobre a instituição de uma política imigratória restritiva no Brasil ganhou forças nas Constituições de 1934 e de 1937. A Constituição de 1934 estabeleceu o sistema de cotas de 2% sobre o total dos respectivos estrangeiros fixados no Brasil durante os últimos 50 anos, além de proibir sua concentração por nacionalidade sob a alegação de que formavam "quistos raciais". A Constituição de 1937 não alterou a precedente, mas reservou ao governo federal o direito de limitar ou suspender a entrada de novos imigrantes, além de proibir a formação de núcleos por nacionalidades, o ensino em língua estrangeira aos jovens, a produção e a circulação de jornais e revistas em língua estrangeira. Qualquer publicação deveria receber a autorização do Ministério da Justiça e Negócios Interiores. (LIPPI OLIVERA, 2002:19-20).

As restrições à imigração judaica durante a era Vargas ficam evidenciadas nas circulares secretas com as regras anti-semitas impostas durante os governos de Getúlio Vargas e Eurico Gaspar Dutra no período de 1937 a 1949. Essas circulares anti-semitas inibiram a entrada de refugiados judeus italianos que, a partir da publicação das leis raciais na Itália, encontraram barreiras para a emissão de vistos de entrada no Brasil. Entre as circulares secretas cabe citar:

- **Circular nº 1.127** (secreta, por ser limitada ao corpo consular e diplomático no exterior), de 7 de junho de 1937, regulamenta a entrada de estrangeiros no território nacional. Configura a adoção de uma política imigratória restritiva aos judeus. Ministério das Relações Exteriores, Ministro Mario de Pimentel Brandão.

- **Circular nº 1.249** (secreta), de 27 de setembro de 1938, regulamenta a entrada de estrangeiros de origem semita no território nacional. Ministério das Relações Exteriores, gestão Oswaldo Aranha.

- **Decreto nº 3.010**, de 20 de agosto de 1938, dispõe sobre a entrada de estrangeiros em território nacional. Autoriza as autoridades consulares do Brasil a conceder vistos nos passaportes de pessoas de origem étnica não israelita.

- **Circular nº 1.296** (reservada), de 22 de março de 1939, referente a visto de turismo em passaporte de israelitas. Recomenda que sempre que houver dúvidas a respeito da qualidade de verdadeiros turistas dos estrangeiros israelitas que desejam vir para o Brasil, deve ser-lhe recusado... sobretudo, se tratar-se de refugiados políticos alemães e italianos. Ministério das Relações Exteriores, gestão Oswaldo Aranha.

- **Circular nº 1.323** (secreta), proibindo a concessão de visto temporário a estrangeiro de origem semita. Ministério das Relações Exteriores, gestão Oswaldo Aranha.

- **Circular nº 1.488**, de 26 de novembro de 1940, sobre a recusa de visto em passaportes de indesejáveis. Ministério das Relações Exteriores, gestão Oswaldo Aranha.

- **Circular nº 1.522**, de 6 de maio de 1941, dá instruções para a aplicação do Decreto-Lei nº 3.175, de 7 de abril de 1941. Ministério das Relações Exteriores, gestão Oswaldo Aranha. Art. 4º. § 4: exceções para vistos temporários aos judeus mediante consulta prévia indicando "requisitos físicos e morais"; art. 9º, letra f: vistos permanentes só com consulta prévia quando se tratar de judeus; art. 9º, § 5º: quando se tratar de judeus e indivíduos não pertencentes à raça branca, a autoridade consular deverá mencionar. (TUCCI CARNEIRO, 2003:119-121)

No caso particular da Itália em 1938, atuava como segundo secretário da Embaixada do Brasil em Roma o diplomata Jorge Latour, que, entre 1937 e 1939, atuara como encarregado dos Negócios do Brasil na Legação de Varsóvia. Por determinação do embaixador brasileiro na Itália, Guerra Duval, Latour elaborou um detalhado relatório sobre a "Questão Racial na Itália", considerando-a de grande importância para o Brasil. A campanha racista adotada por Mussolini, segundo o embaixador, abrangia aspectos de preservação da raça italiana, compreendendo um programa anti-semita apoiado em fundamentos de ordem racial e social. Como sugestão de política racial, Guerra Duval encaminhou ao Itamarati uma cópia do R.D.- Lei de 7 de setembro de 1938, nº 1.381, *Provvedimenti nei confronti degli ebrei stranieri* (Medidas a ser tomadas para os judeus estrangeiros).

Apesar das restrições das leis de imigração brasileiras, muitos judeus italianos encontraram uma maneira de burlar as regras das circulares secretas. Com medo de que acontecesse na Itália o que já estava acontecendo na Alemanha, alguns compraram vistos de diplomatas corruptos, outros conseguiram vistos através de diplomatas dispostos a ajudar os judeus apesar das restrições, ou então apresentaram falsos documentos de conversão ao cristianismo, oferecidos por alguns eclesiásticos como o cardeal Schuster, de Milão. Esse fluxo emigratório durou até a entrada da Itália na Segunda Guerra em 1940, quando emigrar tornou-se cada vez mais difícil.

Os refugiados judeus italianos radicados na cidade de São Paulo se autodefiniram como Colônia Mussolini, nome ambíguo que nos instiga à reflexão. Sublinhava o fato de que, por uma questão de sobrevivência, aqui estavam para demonstrar sua desilusão como cidadãos italianos que, após a emissão das leis raciais por Mussolini, haviam escolhido a estrada do exílio.

Os judeus da Colônia Mussolini, como autodefesa, desenvolveram um sentimento profundo de solidariedade e, em alguns casos, chegaram a se fechar ao mundo exterior. Muitos, desamparados, receberam o apoio da comunidade judaica asquenaze (alemã), cujo fluxo emigratório aumentara a partir de 1933, após a chegada de Hitler ao poder. Esses também haviam vivenciado a experiência das práticas anti-semitas e, na sua maioria, pertenciam à mesma classe social dos italianos. A Congregação Israelita Paulista (CIP), fundada pelo rabino alemão Fritz Pinkuss, acolheu vários desses judeus italianos que, liberais, chegaram a se tornar membros ativos e até presidentes dessa comunidade. Entre esses devem ser lembrados: o doutor Adalberto Corinaldi (presidente da Assembléia dos Representantes, entre 1960 e 1963) e o doutor Carlo Alberto Levi (vice-presidente da CIP no triênio 1957-1959, e diretor do culto entre 1966 e 1968). Além disso, Carlo Levi foi inscrito no Quadro de Honra da CIP (1936-1968) e Adalberto Corinaldi no Livro do Mérito da CIP.

Muitos desses refugiados judeus italianos desembarcavam no Porto do Rio de Janeiro, que funcionava como uma espécie de ponte para se chegar até São Paulo. Esta capital concentrava a maior comunidade italiana do Brasil que, em 1939/40, constituía 5% da população local. (TRENTO, 2000:76-77)

Entre 1942 e 1945 – portanto, após a entrada do Brasil na guerra ao lado dos Aliados –, os italianos radicados no Brasil foram identificados como "súditos do Eixo" e, como tal, inimigos. Os judeus italianos, então, se encontraram novamente na condição de perseguidos, dessa vez como italianos.

Toda a comunidade italiana foi colocada sob vigilância sistemática da Polícia Política brasileira, que, em cada estado, contava com os seus Departamentos de Ordem Policial e Social, os Deops. Foram feitas intervenções em todos os empreendimentos italianos. Em particular, no Hospital Umberto I, onde médicos italianos judeus e não judeus foram obrigados a abandonar suas funções, sendo substituídos por médicos paulistas, e o hospital foi rebatizado Hospital Nossa Senhora Aparecida.

Os anos de guerra foram difíceis para os italianos no Brasil. Proibidos de falar sua língua em público, tiveram parte de seus bens confiscados e de seus valores (títulos e depósitos) bloqueados no Banco do Brasil, para fazer face a eventuais prejuízos da nação. Ninguém foi poupado: pessoas físicas, jurídicas e bens do Estado italiano. Em sua grande maioria, as associações dissolveram-se. Houve mais naturalizações para salvar os bens. Em 25 de julho de 1943, caiu o regime de Mussolini e foi organizado um governo provisório. Em 8 de setembro a Itália assinou o armistício. A tropa brasileira desembarcou em Gênova em 16 de julho de 1944, para combater os alemães na Itália. O presidente do Conselho dos Ministros (Bonomi) telegrafou a Vargas: "No momento em que os soldados brasileiros desembarcaram em solo italiano, que para muitos é o velho solo de seus pais ou avós, desejo que Vossa Excelência saiba que todo o povo italiano os acolherá com fraternidade de alma e de espírito".

No mesmo mês, o governo italiano apresentou sua primeira requisição ao governo brasileiro em favor dos italianos residentes no Brasil: "Suspenda as medidas que vem tomando contra os italianos". Com esse pedido o governo italiano aludia à programada venda em hasta pública do Edifício Martinelli, do Instituto de Crédito e Trabalho no Estrangeiro, do Banco Francês e Italiano da América do Sul, da Assicurazioni Generali, das ações da Pirelli, Nebiolo e Fiat, alegando que na Itália os bens dos países inimigos ficaram sob seqüestro sem ser alienados e que, nesse momento, em razão da co-beligerância, não se podia compreender as medidas brasileiras. Em resposta a esse pedido, em 31 de agosto de 1944, a venda dos bens foi suspensa. As relações entre os dois países foram plenamente restabelecidas em 1945, quando, após a reabertura dos consulados, acreditaram-se os novos embaixadores.

Os bens foram restituídos aos italianos residentes no Brasil pelo decreto de 10 de julho de 1945, antes do Tratado de Paz. Outro decreto, de 3 de abril de 1946, liberou os bens dos italianos residentes no exterior. Quando do Tratado de Paz, em 10 de fevereiro de 1947, restava ser devolvidos à Itália os bens do Estado, cuja devolução deveria ser negociada, porque haveria indenizações de guerra. Estavam em jogo a liberação da Casa d'Itália, os acervos das companhias de seguro e a liberação de navios. Em referência aos navios seqüestrados em revanche do afundamento de navios brasileiros por submarinos alemães ou italianos, o governo italiano negou a participação nessa ação e pediu a liberação dos bens e o encaminhamento da indenização para julgamento por comissão arbitral mediante comprovação. Mas o governo brasileiro alegou que poderia ser comprovada a participação italiana pelo fato de que um submarino afundado teve sua tripulação presa pelo Brasil.

As negociações prolongaram-se até o acordo de conciliação de 8 de outubro de 1949, quando, por meio do pagamento de uma soma simbólica, foram devolvidos os sete navios seqüestrados, as Casas da Itália e os acervos das seguradoras. Os outros bens seriam destinados à Companhia de Colonização Italiana a ser criada.

Em 12 de outubro, os governos italiano e brasileiro assinaram uma Declaração de Amizade e Cooperação entre os dois países com a finalidade de desenvolver suas recíprocas relações jurídicas, econômicas, culturais, técnicas e sociais. (CERVO, 1961:170-175)

Com o término da guerra, a maioria dos judeus italianos optou por permanecer no Brasil. Com a derrota do fascismo, alguns professores voltaram à pátria, sendo reintegrados às suas universidades de origem. Os mais importantes desses foram Tullio Ascarelli, professor de direito comercial na Universidade de Bolonha, e Enrico Tullio Liebman, professor de direito processual civil na Universidade de Milão. Ao chegar ao Brasil, os dois professores obtiveram a cátedra de direito na Universidade de São Paulo. Tullio Ascarelli, voltando à pátria depois da guerra, escreveu um livro sobre o Brasil e, ao morrer, legou sua biblioteca à Faculdade de Direito de São Paulo. (TRENTO, 1989:385)

Um outro professor, Giorgio Mortara – que havia assumido no Rio de Janeiro o elevado cargo de assessor técnico do Serviço Nacional de Recenseamento e levado a termo o trabalho pioneiro de análise do vasto conjunto de informações provenientes do Censo Demográfico de 1940-1950 –, como ele mesmo cita em sua autobiografia:

> [...] *por lealdade com o Brasil, não quis deixar incompleta a tarefa que me fora confiada, da qual tinha apenas lançado as bases e desenvolvido uma parte inicial. Em 1956, o convite para retornar à cátedra na Itália me foi reiterado, com afetuosa insistência, pelos colegas da Faculdade de Ciências Estatísticas e Demográficas da Universidade de Roma. Tendo eu já cumprido a tarefa que me havia sido confiada no Brasil* [...] *pude aceitar o convite sem hesitação e com satisfação. Nos quatro anos acadêmicos de 1956-57 a 1959-60, dei aulas de Estatística Econômica naquela faculdade* [...]. *Atingindo o limite de idade em 1960, fui aposentado e agraciado com o título de professor emérito.*

Giorgio Mortara, porém, durante os anos em que lecionava na Itália, não abandonou a orientação de pesquisa efetuada no Instituto Brasileiro de Geografia e Estatística (IBGE), no Rio de Janeiro, onde ele passava parte do ano, junto dos filhos que ficaram no Rio de Janeiro. Giorgio Mortara manteve sua residência no Brasil, onde morreu.

Emigração italiana após a Segunda Guerra Mundial

O fim do conflito mundial e a difícil tarefa da reconstrução tornaram novamente atual, para os italianos, o caminho da emigração como solução para os problemas criados pela escassez de trabalho e de capitais. Uma parte dessa corrente canalizou-se para os países europeus, com caráter, ao menos nas intenções, temporário, mas um fluxo consistente tornou a percorrer velhos e novos itinerários transoceânicos.

> [...] *tratava-se de necessidade de sobrevivência, ainda que não devida à fome propriamente dita. Um estímulo não desprezível foi proporcionado pelo próprio trauma bélico, pelo clima de ansiedade e incertezas, pelas decepções e amarguras, pela queda de um mito, pela esperança de encontrar cenários diferentes dos oferecidos por uma Europa destruída e ensangüentada, pelo sonho de um improvável esquecimento.* (TRENTO, 1989:405)

Conforme a tabela a seguir, entre 1946 e 1960, saíram da Itália, permanentemente, mais de 3 milhões de pessoas, a maioria das quais foi para os países além do Atlântico, em particular para a América Latina (Argentina, Venezuela, Brasil), os EUA e o Canadá.

Áreas	Saídas da Itália	Voltas à Itália
Brasil	110.932	31.546
Venezuela	231.543	92.584
Argentina	484.068	95.573
Outros países da América Latina	879.340	231.324
EUA e Canadá	504.449	61.511

Fonte: TRENTO:1989,408

Outros se dirigiram para os países europeus, sendo essa migração, na maioria dos casos, de caráter temporário. O diagrama abaixo mostra, em percentagem, a emigração italiana para a Europa e as Américas:

Países privilegiados pela emigração italiana nos anos 1946/1960

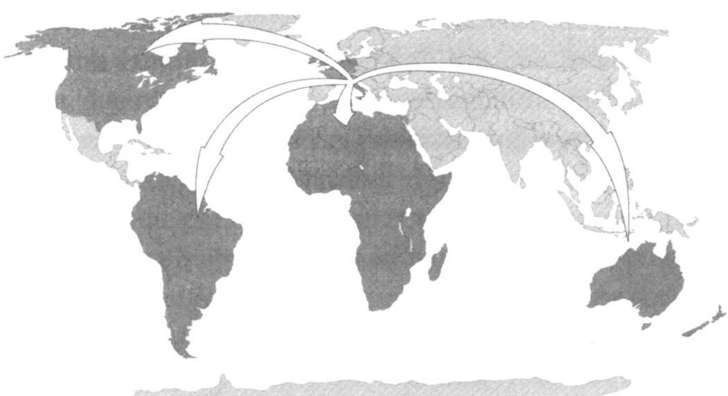

Fonte: www.italiadonna.it/public/percorsi/12004/12004002.htm

No que concerne ao Brasil, a imigração italiana do pós-guerra representou um movimento migratório singular. Ela foi concebida e desejada pelas autoridades brasileiras para promover o desenvolvimento da indústria nacional e, também, para dar continuidade ao processo de miscigenação racial em direção ao branqueamento da população. Com essa finalidade foi promulgado em 18 de setembro de 1945 o Decreto-Lei nº 7.967, que reconhecia a imigração como de utilidade pública e regulamentava a sua seleção no exterior (FACCHINETTI, 2004:189).

Mais detalhadamente, na tabela a seguir, é indicado o número de italianos que nesse mesmo período dirigiu-se para o Brasil.

Emigrantes italianos que saíram da Itália para o Brasil entre 1945-1959

Anos	Total de emigrantes	Italianos
1945	3.230	180
1946	13.049	1.059
1947	18.753	3.284
1948	21.568	4.437
1949	23.844	6.352
1950	35.492	7.342
1951	62.594	8.258
1952	88.150	15.207
1953	80.242	15.543
1954	72.248	13.408
1955	55.166	8.945
1956	44.806	6.069

1957	53.613	7.197
1958	49.839	4.819
1959	44.520	4.233
TOTAL	**667.104**	**106.360**

Fonte: O Brasil em Números (Rio de Janeiro: IBGE, 1960).

Os bens italianos que foram bloqueados durante a Segunda Guerra Mundial foram desvinculados por meio de um acordo assinado entre o Brasil e a Itália em 8 de outubro de 1947. Através desse acordo, entre outras coisas, se previa a criação da Companhia Brasileira de Colonização e Imigração Italiana, ato concretizado em 28 de setembro de 1950, cuja missão era fixar e sustentar os colonos italianos em solo brasileiro e fazer cumprir o acordo firmado. O tratado imigratório entre Itália e Brasil, aprovado pelo parlamento italiano, previa três tipos de emigração: a individual, com base em chamadas ou ofertas de trabalho provindas do Brasil, de grupos e cooperativas, destinada particularmente à colonização agrícola, e dirigida, baseada na procura, por parte do Brasil, de uma certa quantidade de mão-de-obra especializada. Para esse último tipo, a seleção definitiva era feita por uma comissão brasileira competente dos departamentos de trabalho nas capitais das províncias.

Conforme o acordo, as despesas de transporte e de sustento em território italiano estavam a cargo do governo local, enquanto o Brasil financiava o transporte marítimo e a manutenção do emigrante até sua colocação. Na realidade, o débito do preço da passagem, isento de juros, seria cancelado, a título de gratificação, após dois anos consecutivos de exercício da profissão constante no certificado de imigração (não necessariamente na execução do mesmo contrato, nem no mesmo lugar). No caso de o imigrante abandonar a profissão antes desse período, seria obrigado a reembolsar a passagem. (TRENTO, 1989:412)

Valendo-se dos capitais dos italianos desbloqueados após o término da guerra, a Companhia Brasileira de Colonização adquiriu algumas terras no estado de São Paulo e procedeu a experimentos de colonização agrícola, como no caso da Colônia de Pedrinhas. O nome dessa colônia surgiu do Riacho Pedrinhas que serpenteava por entre as terras adquiridas, e sua fundação foi marcada por uma grande festa em 21 de setembro de 1952. Nessa ocasião se deu o lançamento da pedra fundamental da igreja matriz e, em 13 de novembro de 1952, a colônia recebeu um grande grupo de imigrantes italianos composto de 28 famílias. Pedrinhas viveu como núcleo colonial até 14 de maio de 1980, quando foi elevada a distrito, alcançando a emancipação político-administrativa em 30 de dezembro de 1991.

Nessa fase, também os sindicatos contribuíram para favorecer a emigração, participando das várias negociações internacionais com países de emigração que interessavam ao governo italiano. Muitas, porém, eram as restrições à emigração para os países além-oceano, como os Estados Unidos, o Canadá e a Austrália, e as dificuldades econômicas vivenciadas por Argentina, Brasil e Venezuela diante da relativa desvalorização da moeda.

Para o historiador Facchinetti, o êxodo dos italianos, desta vez,

[...] *além de envolver as antigas regiões italianas nortes-orientais e meridionais, envolveu, também, algumas outras regiões italianas.*

O número dos que emigraram entre 1946 e 1960 foi menor, mas não menos expressivo, do que o das emigrações anteriores. A diferença significativa estava na qualificação profissional. Homens e mulheres aptos e preparados para o trabalho, que trouxeram em sua bagagem o conhecimento prático de uma profissão urbana. (FACCHINETTI, 2004:16)

Interessante é salientar que os novos imigrantes, quando chegaram ao Brasil, já podiam se filiar aos respectivos sindicatos, pagavam suas contribuições, mas nunca se comprometeram com as manifestações reivindicatórias sindicais. (FACCHINETTI, 2004:179)

Politicamente podemos afirmar que o setor que mais sofreu com a desorientação geral do pós-guerra foi o associativo. Ressurgiram a Câmara Italiana de Comércio de São Paulo e a Sociedade Italiana de Beneficência que dava manutenção ao hospital italiano, que voltou a ter seu antigo nome: Hospital Humberto I. As únicas associações antifascistas do pós-guerra foram o Centro Democrático Garibaldi, em São Paulo – que organizava conferências sobre a luta dos *partigiani*, comemorações conjuntas de Garibaldi e dos mártires caídos sob os golpes do fascismo, e reuniões campestres em ocasião da festa do trabalho em 1º de maio – e a Associação Cultural e Beneficente Anita Garibaldi, com sede em Juiz de Fora. Foi reconstituída a Sociedade Dante Alighieri e foram criadas novas associações de caráter regionalista, como o Circolo Calabrese e a associação Poliganesi a Mare, também conhecida como Associazione di Beneficienza San Vito Martire (sendo São Vito o padroeiro de Polignano).

Continuou existindo a Associação Esportiva Palmeiras, com cerca de 20 mil sócios, os quais queriam que o clube retomasse o antigo nome de Palestra Italia. Não faltam exemplos de novas associações esportivas como a Associazione Sportiva Italiana, no Rio de Janeiro, um Palestra Italia em Curitiba e um time de futebol Pro Patria em São Paulo. Esse último era composto apenas de jogadores italianos, com a camisa azul e o escudo tricolor da seleção italiana, e participou de campeonatos amadores. (TRENTO, 1989:462-466)

É interessante salientar que, diferentemente dos grupos italianos antecedentes, a participação sindical desses novos imigrantes foi pouco exercitada. Quando esse grupo chegou ao Brasil, os sindicatos já estavam formados e todos puderam filiar-se aos respectivos sindicatos, pagavam suas contribuições, mas nunca se comprometeram com as manifestações reivindicatórias sindicais. (FACCHINETTI, 2004:179)

Os emigrantes que chegaram da Itália após o término da guerra (1945-1955) provocaram rancores, desconfiança e animosidade nos que residiam há vários anos no Brasil. Os motivos foram culturais, políticos e de geração, pois a maioria dos novos imigrantes possuía um diploma universitário, diferenciando-se de seus predecessores, cujas famílias haviam emigrado nas primeiras décadas do século 20. Politicamente, persistiam as tensões entre os antifascistas radicados no Brasil e os que haviam abandonado a Itália devido às perseguições empreendidas pelo Estado fascista italiano, e os ex-fascistas recém-chegados, que haviam participado diretamente da estruturação do regime. Entre esses estavam vários ex-dirigentes e ex-ministros fascistas que, com a derrota dos países do Eixo, não tinham mais condições de viver na Itália.

Outro motivo que avivou as tensões políticas foi a atitude dessa nova leva de imigrantes em relação ao trabalho e aos sacrifícios vivenciados por grande parte da comunidade ítalo-brasileira. Esta, que havia fugido da miséria e das perseguições raciais, não compreendia a postura dessa geração criada sob as "glórias" do fascismo e acostumada a um outro nível de vida. Pairava no ar uma sensação de desconcerto e desconfiança e, muitas vezes, os pedidos de repatriação eram interpretados como sinal de indolência, vagabundagem, esperteza e má-fé (TRENTO, 1989:451)

Porém, em setembro de 1958, apesar da diversidade de opiniões e divergências, foi organizada uma clamorosa acolhida a Giovanni Gronchi, primeiro chefe de Estado italiano a visitar a América Latina. Após o desembarque, Gronchi homenageava os velhos e novos imigrantes ao afirmar:

Deve-se a vocês o fato de o nome da Itália ser respeitado e amado neste grande país e em todos os outros da América Latina.

Esse clima de tensão foi reconstituído pelo historiador Angelo Trento, em seu citado livro *Do Outro Lado do Atlântico:*

Antagonismo muitas vezes violento opuseram, no segundo pós-guerra, fascistas e antifascistas, cujas fileiras foram fortalecidas pela chegada de expoentes das tendências opostas. Assim, ao lado de quem combatera pela causa da liberdade ou simpatizara com ela, chegaram em grande número os inscritos nas organizações do regime, ex-dirigentes e ex-ministros, fugitivos da República Social Italiana, o último baluarte mussolinista após 1943. Que não se tratasse de poucos elementos e que a sua fé fascista fosse profunda e inabalável, demonstra-o a criação, em 1978, da associação "Gladium", que reunia precisamente os que haviam feito parte da RSI e que continua existindo até hoje. (TRENTO, 1989:486 e 452)

Desde os anos 1970, a Itália assiste ao declínio da emigração e ao início de um processo delimitado pela simples transferência de mão-de-obra que levará ao Brasil poucas centenas de pessoas por ano, com uma taxa de repatriação superior a 110%. A partir dos anos 1970, algumas associações italianas mostraram-se interessadas em manter interlocutores no exterior, valendo-se da disponibilidade financeira de certas regiões da Itália.

Entre 1973 e 1975, a imigração para a Itália chegou a superar os índices da emigração. Assim, a Itália – até então um país emissor de emigrantes até 1960 – transformou-se em um país importador de mão-de-obra. O fenômeno se coliga também à forte pressão demográfica nas nações do norte da África, às quais corresponde, na Europa, e também na Itália, uma notável queda de natalidade, com relativo envelhecimento da população. Como conseqüência dessa tendência, a natalidade italiana chegou, nos anos 1980, ao nível de crescimento zero, situação demográfica na qual os nascimentos se equipararam às mortes. Na Itália, somente em 2005, em conseqüência das imigrações, a natalidade voltou a aumentar; porém, a cada três nascimentos, dois são devidos aos imigrantes. (AA.VV., 1993:93-97)

O pioneirismo dos italianos em várias áreas do conhecimento

É visível e reconhecido o pioneirismo dos italianos e seus descendentes nos mais distintos campos do conhecimento no Brasil. Sua presença se fez marcante ao longo de todo o século 20, quando inovaram nas ciências médicas, na física e química, na indústria, nas artes e ciências humanas. Entre os cientistas, cabe citar Gleb Wataghin, César Lattes, Giuseppe Occhialini, Daniela Lazzaro, Octavio Ianni e Nicola Petragnani.

Em 1934 o professor Gleb Wataghin, de origem russa e cidadão italiano desde 1929, veio da Itália com o propósito de criar no Brasil o Departamento de Física da Universidade de São Paulo. Além de ministrar aulas, Wataghin iniciou um programa de pesquisa sobre raios cósmicos, ou seja, sobre as radiações extraterrestres que bombardeiam continuamente o planeta Terra, sendo denominados, naquela época, de mésotrons. Conseguiu formar uma equipe composta por talentosos e entusiasmados jovens brasileiros, entre os quais estavam César Lattes, Mario Schemberg, Oscar Sala e o italiano Giuseppe Occhialini, este um refugiado do fascismo no Brasil.

César Lattes (1924-2005) era filho de imigrantes italianos do Piemonte. Seu pai, Giuseppe, de origem judaica, chegou ao Brasil em 1912, mas em 1914 retornou à Itália para participar da Primeira Guerra Mundial. César Lattes atuou como professor em vários centros universitários: na Universidade de São Paulo, na antiga Universidade do Brasil (atual Universidade Federal de Rio de Janeiro), na Universidade Estadual de Campinas (Unicamp) e no Centro Brasileiro de Pesquisas Físicas, do qual foi um dos fundadores. Desde 1962, manteve colaboração com o Japão no estudo da radiação cósmica. Foi membro de várias academias e sociedades científicas brasileiras e internacionais. Recebeu o Prêmio Einstein, em 1950; o Prêmio TWAS, da Academia de Ciência do Terceiro Mundo em Trieste (Itália), em 1987, e da Organização dos Estados Americanos (OEA), em 1978, além de varias medalhas.

Após a Segunda Guerra Mundial, com base nas experiências sobre os mésotrons desenvolvidas pelo grupo coordenado pelo doutor Wataghin, César Lattes foi para Bristol, na Inglaterra, onde se encontrou com Occhialini e um outro físico, Cecil Powell. Os três cientistas – Lattes, Occhialini e Powell – continuaram trabalhando nos mésotrons com a finalidade de reproduzir os raios cósmicos nos grandes aceleradores de partículas que estavam sendo construídos para essa finalidade. Infelizmente, não conseguiram seu intento.

Em 1948, Lattes viajou para Berkeley, na Califórnia, onde funcionava o maior ciclotron da época. Dessa vez a experiência teve sucesso: os mésotrons, rebatizados méson pi, estavam sendo reproduzidos. Essa descoberta esclareceu a natureza das forças nucleares e levou à construção de novos aceleradores e à descoberta de outras partículas novas. Lattes voltou ao Brasil e, em conjunto com outros colaboradores, fundou no Rio de Janeiro o Centro Brasileiro de Pesquisas Físicas. A partir de 1960, passou a dividir com a Universidade de São Paulo as atividades em física no Brasil até o surgimento de outros laboratórios. A descoberta do méson pi tornou Lattes favorito ao Prêmio Nobel da Física, o que acabou não acontecendo, entre outros motivos, pela burocracia da então Universidade do Brasil (MARTINS, 1997:6; www.eciencia.usp.br/exposição/meson_pi/meson_pi.html).

Outra cientista de origem italiana com destaque no Brasil foi Daniela Lazzaro, bacharel em astronomia pela Universidade de São Paulo em 1983. Doutorou-se em ciências em 1988, especializando-se no sistema solar. Como tal, assumiu a coordenação de vários projetos sobre os asteróides, cometas e satélites, a astrofísica de pequenos corpos do sistema solar, a formação e evolução de sistemas planetários. Enfim, colaborou intensamente para a construção de novos conhecimentos sobre a dinâmica de objetos do sistema solar.

O professor Nicola Petragnani (1929) – após ter freqüentado o primeiro ano do curso de química na Universidade de Roma –, em 1947, emigrou para o Brasil. Naturalizado brasileiro, bacharelou-se em química em 1951. Sua maior realização é sem dúvida a de ter participado ativamente do expressivo desenvolvimento da área de investigação à qual se dedica há mais de 40 anos, a química dos compostos orgânicos de selênio e telúrio, atualmente considerada como pesquisa de ponta em nível internacional. Livre-docente, trabalhou durante um ano como professor visitante e bolsista da Fundação Rockefeller, no Instituto de Química Orgânica da Universidade de Freiburg, Alemanha. De 1969 a 1976, coordenou o Conselho Nacional de Desenvolvimento Científico e Tecnológico (CNPq), na área de sua especialidade. Esse conselho contava com a participação dos mais prestigiosos químicos orgânicos sintéticos norte-americanos da época, como Djerassi (o criador da pílula anticoncepcional), Johnson e outros. A convite do Prêmio Nobel *sir* D. Barton, escreveu um livro sobre aplicações sintéticas do telúrio, estudo publicado em 1994 pela editora Academic Press. Em 1996 foi condecorado, pelo presidente da República do Brasil, com a Grã-Cruz da Ordem Nacional do Mérito Científico e recebeu, em 2000, a Medalha Simão Mathias, da Sociedade Brasileira de Química. Nicola Petragnani chegou ao ápice de sua carreira na Universidade de São Paulo como professor titular do Instituto de Química.

O sociólogo Octavio Ianni (1926-2004) nasceu em Itu, numa família de origem italiana, formou-se em ciências sociais na Faculdade de Filosofia, Ciências e Letras da Universidade de São Paulo, em 1954 e, logo após a formatura, integrou o corpo de assistentes da faculdade, na cadeira de Sociologia I, da qual era titular Florestan Fernandes (1920-1995; fundador e principal figura do movimento conhecido como Escola Paulista de Sociologia nos anos 1960). Aposentado pelo AI-5, foi para a

Pontifícia Universidade Católica de São Paulo (PUC-SP), integrou a equipe de pesquisadores do Centro Brasileiro de Análise e Planejamento (Cebrap), foi professor visitante e conferencista em universidades norte-americanas, latino-americanas e européias. Voltou à universidade pública – da qual sempre foi defensor lúcido – como professor na Unicamp, na qual, mesmo após aposentadoria compulsória, ministrou aulas até seus últimos dias. Ianni é considerado um dos principais sociólogos do Brasil, ao lado de Florestan Fernandes e de Fernando Henrique Cardoso. Dentre seus estudos, destacam-se *Cor e Mobilidade Social em Florianópolis* (1960, em colaboração), *Metamorfose do Escravo* (1962), *Dialética e Capitalismo* (1987), *Ensaios de Sociologia da Cultura* (1991) e a *A Sociedade Global* (1992).

Da mesma forma como nas ciências exatas e humanas, os italianos contribuíram para a evolução da indústria brasileira, tornando-se um dos fatores do progresso mercantil e fabril. Essa trajetória é histórica e tem suas raízes nos primórdios da imigração italiana, isto é, no século 19. Isolados dos grandes centros de produção e consumo, os colonos e obreiros italianos radicados nas fazendas de café realizaram atividades produtivas familiares para fabricar, em pequenas quantidades, artefatos de primeira necessidade: lâmpadas, barbantes, esteiras, chapéus, tamancos, bolsas, vinho, cerveja, farinha, frios, geléias etc. As comunidades chegaram, assim, a uma quase total auto-suficiência, devida também ao hábito de troca de bens, sem uso de moeda corrente. Muitas dessas atividades foram aos poucos industrializadas, sendo o maquinário, também, "fabricado em casa", demonstrando a habilidade artesanal dos italianos.

Alguns se tornaram grandes industriais, como o já citado conde Francisco Matarazzo, nascido em Castellabate (Salerno). Matarazzo emigrou para o Brasil em um navio à vela em 1881, ano em que desembarcou no Porto do Rio de Janeiro após 70 dias de viagem. Trazia consigo uma carga de vinhos e queijos italianos que deveria constituir a base para o início de suas atividades comerciais no Brasil. Porém, enquanto estava tratando dos trâmites alfandegários, uma violenta tempestade provocou o naufrágio do navio e a perda total da carga. (CENNI, 2003:260)

Conde Francesco Matarazzo. (Fonte: S.E.I. 1936:247)

Com pouco capital, como muitos outros emigrantes, Francisco Matarazzo não perdeu o ânimo e conseguiu abrir uma loja onde vendia artigos para agricultura. Iniciou assim uma outra atividade, ao trocar mercadorias por farinha, produto que lhe favoreceu a produção de massas. Com os primeiros lucros, implantou um moinho para poder industrializar a fabricação de macarrão do tipo espaguete. Foi o primeiro a usar sacos de algodão para armazenar a farinha, no lugar dos pouco práticos barriletes (pequenos barris) de madeira. Com o sucesso dessa inovação, comprou grandes plantações de algodão, criando uma fábrica de sacos. Em seguida, começou a produzir fios de algodão. Além disso, Matarazzo implantou, também, uma fábrica de óleo de algodão. Em 1930, o *Diário de S. Paulo* escrevia:

Existe um novo Estado brasileiro. É o Estado Matarazzo, que compreende toda a geografia econômica do País; se o Estado de São Paulo tem uma receita bruta de 400 mil contos e o do Rio de Janeiro de 270, o grupo Matarazzo recebe a cada ano 350 mil contos. Pode-se assim afirmar que o conde Francisco Matarazzo representa, do ponto de vista econômico e financeiro, o segundo Estado brasileiro.

Nos primeiros anos do século 20, na cidade de Piracicaba, de 144 fábricas e oficinas registradas pela Junta Comercial, 129 pertenciam aos italianos. Em São Roque, a proporção era de 60 sobre 80. No interior do estado do Paraná, de 1920 a 1929, 63% das empresas comerciais e industriais foram criadas por expatriados italianos. Conforme comenta o geógrafo Pasquale Petrone:

A industrialização, primeiro em São Paulo e depois no restante do País, nasce com as fábricas e as oficinas dos emigrados. São geralmente empresas de pequenas dimensões que necessitam de pouca mão-de-obra e limitada ao trabalho familiar. A força motor era modesta ou tratava-se simplesmente de força humana, com escasso capital procedente, mais do que tudo, da poupança ou da associação com um comerciante. A produção consistia de bens de consumo econômicos dirigidos a um público com pouco poder de compra e distribuídos por toda a parte. (AA.VV., 1993:93-97)

Um típico exemplo dessas iniciativas é a Tramontina, única empresa brasileira a exportar com marca própria para mais de 100 países. Fundada em 1911, em Carlos Barbosa, no Rio Grande do Sul, começou como uma pequena ferraria que deu origem ao atual complexo empresarial com dez fábricas. Seus produtos variam de talheres a utensílios e acessórios para cozinha, ferramentas para jardim, agricultura e construção civil, entre outros.

Um dos setores em que os italianos mantiveram por longo tempo quase um monopólio foi o da construção civil, que, no passado, contava com projetistas e mestres-de-obras qualificados. Hoje mantêm grandes empresas de construção civil, como o grupo Comolatti, que conta com importantes arquitetos.

Na década de 1960, instalaram-se no Brasil grandes empresas italianas, como a Fiat, a Pirelli, a Liquigás e a Cinzano, às quais mais tarde juntaram-se Agip, Parmalat, Martini & Rossi, entre outras, e recentemente a TIM no campo da telefonia celular. Importante ressaltar que a Pirelli, há 14 anos, patrocina a Coleção Pirelli de Fotografia Brasileira, atualmente sob a guarda do Museu de Arte de São Paulo (Masp). Aproveito essa referência para lembrar aqui o nome de Pietro Maria Bardi e Lina Bo Bardi. Estes, que se casaram na Itália, em 1946, viajaram em seguida para o Brasil. Em recepções, no Rio de Janeiro, conheceram personalidades como Lúcio Costa, Oscar Niemeyer, Rocha Miranda, Burle Marx e Assis Chateaubriand, de quem Pietro recebeu o convite para fundar e dirigir um museu de arte no país. Um projeto arquitetônico de Lina abrigou meses mais tarde o Masp, o museu mais importante da América Latina. A arquiteta naturalizou-se brasileira em 1951, oficializando a paixão pelo país que a acolhera anos antes. A esse respeito, declarou: "Quando a gente nasce, não escolhe nada, nasce por acaso. Eu não nasci aqui, escolhi este lugar para viver. Por isso, o Brasil é meu país duas vezes, é minha pátria de escolha".

Os italianos foram também os responsáveis pelo nascimento do movimento operário no Brasil. Como já dito, esses imigrantes atuaram como anarquistas, sindicalistas e socialistas, instigando as lutas pela reivindicação de melhores condições de vida e trabalho. Dentre esses, cabe lembrar a postura antifascista do já citado Antonio Piccarolo (filossemita também), Bixio Picciotti e Luigi Campolonghi. Entre os anarquistas, Trento Tagliaferri, Cerchiai e Ristori, enquanto entre os socialistas ocupa um lugar de destaque Bruno Giorgi. Havia italianos até entre os comunistas, como Luigi Cingolani, Goffredo Rosini e, em 1940, Ettore Biocca, que não chegaram, porém, a organizar partidos.

De acordo com Marcello Pacini, membro da Organização pela Segurança e a Cooperação na Europa, existem duas razões que fazem da presença dos descendentes dos italianos nas Américas uma questão atual e importante: a contribuição que a Itália e sua cultura deram à construção das novas sociedades americanas e o fato de que a presença dos descendentes de italianos, em muitos países transoceânicos, constitui um elemento fundamental nas relações entre a Itália e esses países.

Atualmente, não existe dúvida de que a emigração italiana para os países transoceânicos seja um fenômeno concluído. Os italianos nascidos na Itália e depois emigrados são sempre menos numerosos. Assim, a maioria dos cidadãos americanos de origem italiana é formada, hoje, por descendentes dos imigrantes de terceira e quarta gerações.

A relação entre os *oriundi* e os italianos é hoje diferente, porque diferentes são as referências culturais atuais que se voltam, cada vez mais, para um sentimento nacional, em contraposição à memória das aldeias e dos vilarejos. Na realidade, porém, a imagem da Itália no exterior, especialmente na camada social mais simples, continua sendo estereotipada e ainda filtrada através do prisma da imagem e da cultura dos primeiros emigrantes. As novelas brasileiras, por exemplo, têm aqui uma certa responsabilidade na construção da imagem do imigrante italiano: o "italianinho"!

CULTURA E IDENTIDADE

Durante a emigração de massa, quase todos os imigrantes italianos que chegaram ao Brasil eram de origem humilde, realidade que contribuiu para a formação de uma imagem negativa e preconceituosa dessa nacionalidade. Eram estigmatizados como pessoas intelectualmente pouco qualificadas e alvo de um anedotário pouco condizente com a riqueza da cultura italiana. Com o passar do tempo, porém, essa imagem negativa se modificou. Os descendentes dos imigrantes italianos assumiram atitudes e costumes locais que alteraram, em parte, seus padrões culturais de origem. Mas, mesmo assim, a marca da cultura italiana no Brasil se faz ainda presente através de sua linguagem, literatura, religião, arte, tradições e culinária.

Linguagem: dialetos cruzados

Algumas noções sobre a história da língua italiana são importantes para entendermos os diferentes dialetos falados ainda hoje na Itália. O latim – presente, no início, em um lugar circunscrito do Lácio – estendeu-se pelo mundo antigo em conseqüência das conquistas de Roma. O uso do latim como língua viva começou provavelmente no século 8º a.C. (conforme documentação escrita a partir do século 3º a.C.) e terminou no período entre 600 e 800 d.C., quando se afirmaram as línguas românicas. Essas últimas são resultado de um longo processo de evolução e diferenciação do latim.

O latim, nesse caso, não era o clássico – língua da literatura que continuava com as mesmas formas lexicais, gramaticais e estilísticas –, mas o latim vulgar, ou seja, a língua falada por todo mundo, com algumas diversidades compatíveis com a proveniência e a classe social dos falantes. Uma linguagem, então, que, diferentemente do latim clássico, estava sujeita a mudar no tempo e no espaço conforme o desenvolvimento da sociedade que a falava. Em todo o mundo românico ou neolatino (a assim chamada Romània), o latim dividiu-se em uma multiplicidade de dialetos que podem ser subdivididos em grupos diversificados por seus caracteres lingüísticos. Sucessivamente, o desenvolvimento histórico dos vários Estados europeus teve como conseqüência a transformação de alguns dialetos em línguas oficiais. Assim aconteceu com o dialeto florentino na Itália que, a partir de 1300, tornou-se a língua oficial italiana; na França o dialeto da Île-de-France tornou-se a língua francesa; na Espanha o dialeto castelhano tornou-se a língua espanhola.

Na Itália, distinguimos quatro variedades regionais de dialetos: setentrional (nas regiões do norte, por exemplo), em que identificamos os dialetos vêneto, lombardo e lígure; toscana e romana (regiões centrais); e meridional (regiões do sul), onde se falam os dialetos napolitano, calabrês etc.

A unificação da Itália, iniciada em 1861, operou de tal maneira que o italiano – língua falada somente na Toscana e, no restante da península, pelas pessoas cultas – começou a se difundir por toda a população. Essa situação serve para explicar por que os italianos que chegaram ao Brasil antes ou imediatamente após a unificação da Itália não falavam o italiano, mas um determinado dialeto e, como já foi dito, tampouco se identificavam como italianos, e sim como vênetos, lombardos etc.

Mapeamento dos dialetos italianos

Para estudar a língua falada pelos italianos que emigraram para o Brasil, tomaremos como referência a história dessa comunidade no estado do Rio Grande do Sul. Aqui se estabeleceram os núcleos coloniais dos imigrantes vênetos e lombardos, nas seguintes proporções: 54% provinham do Vêneto, 33% da Lombardia, 7% do Trentino Alto-Adige, 4,5% do Friuli-Venezia Giulia. Evidentemente, na região da colonização predominaram os dialetos vêneto e lombardo, que representavam 87% do total, absorvendo os demais.

Com o passar dos anos, esses dialetos foram sendo modificados, tendo como conseqüência um cruzamento interdialetal. Inúmeros foram os fatores que contribuíram para a evolução dessa realidade lingüística, como os casamentos entre falantes provenientes de regiões diferentes e a abertura de vias de comunicação, como as rodovias e estradas de ferro.

Enquanto a comunicação no âmbito estadual e nacional se efetuava na base da língua oficial (a língua portuguesa), no intercâmbio e relacionamento entre os colonos persistia a prática de uma fala comum com características dialetais mistas, que pode ser denominada *Koiné* (esta palavra expressa o resultado da fusão de diversa falas) de tipo italiano.

Essa realidade, no entanto, foi se alterando com a passagem de uma economia de subsistência para uma outra com base no comércio e na indústria. A projeção da Região Sul no cenário nacional forçou os descendentes dos imigrantes italianos ao uso mais freqüente do português. Quando, entre 1935 e 1945, surgiram os primeiros aparelhos de rádio nos distritos dos municípios dessa região de colonização italiana, a língua portuguesa se impôs com rapidez.

Diante do hábito do uso familiar dos dialetos, especialmente até as primeiras décadas do século passado, seria de se esperar uma copiosa produção literária dialetal entre os imigrantes radicados no Brasil. Até agora, porém, o que se descobriu não corresponde a essas expectativas. Quase não se conservam traços de textos dialetais, a não ser no extremo sul do Brasil, na região povoada por imigrantes provenientes, na sua maioria, das regiões vênetas e trentinas, que continuam a manter certas tradições e dialetos. (GHIRARDI, 1994:19; 210)

Um fato interessante é a descoberta do cimbro, um dialeto alemão falado por imigrantes italianos nas proximidades do povoado de Santa Ana, em Antônio Prado. Quando, em 1800, o movimento migratório com destino ao Brasil afetou o norte da Itália, diversas famílias cimbras de Vicenza e Verona emigraram para o nordeste do Rio Grande do Sul. O grupo maior formou uma comunidade coesa e lingüisticamente uniforme, estabelecendo-se no interior de Antônio Prado, mais precisamente onde surgiram as capelas de São Roque e Nossa Senhora da Saúde. Usos, costumes e dialetos permaneceram durante decênios, até por volta de 1930, quando os movimentos migratórios internos em direção a outras áreas do estado e do país desagregaram essa comunidade.

O dialeto cimbro

Na época da Renascença, as comunidades cimbras na Itália foram objeto de estudo e surgiram diversas teorias tentando explicar sua origem e proveniência geográfica. O nome cimbro origina-se de uma crença errada, que foi desenvolvida no século 19, pela qual esse povo descenderia dos antigos Cimbros, aniquilados pelos romanos em Vercelli, norte da Itália, no ano 101 a.C. Parte dos sobreviventes teria se refugiado nas montanhas italianas entre o Rio Adige e o Rio Brenta (lugar na época chamado de Gallia Transpadana) e teria dado origem aos povoados dos Tredici Comuni (Treze Municípios) na área de Verona e dos Sette Comuni (Sete Municípios) na área de Vicenza. (Ilhas lingüísticas que falam esse dialeto encontram-se, também, no Monte Rosa e no Friuli.)

A minoria lingüística cimbra viveu concentrada nas regiões italianas do Trentino e do Vêneto, sendo esse dialeto ainda falado em alguns pequenos povoados dessas regiões. Mas, em 1800, foi provada a origem germânica dessas comunidades e sua proveniência da Baviera. A denominação de cimbros, porém, permaneceu, como permaneceu, também, o nome cimbro do dialeto falado nesses lugares.

O vocábulo cimbro apareceu pela primeira vez em um escrito do ano de 1314, no qual a cidade de Vicenza é definida como Cimbrya.

No Rio Grande do Sul e no estado de Santa Catarina, os níveis de alfabetização dos primeiros colonos italianos consentiram o nascimento de um gênero literário popular. Trata-se de diários e autobiografias nos quais a lembrança e a descrição dos períodos precedentes à saída da Itália ocupavam um espaço inferior à experiência desses imigrantes no Brasil. Escritos em português, os textos expressam uma perda de identidade e, também, da língua italiana ou do próprio dialeto.

Coleção da autora.

Em São Paulo, o índice dos alfabetizados entre 1870 e 1920 não era demasiado baixo, entre os imigrantes italianos. Estatísticas brasileiras demonstram que, nas duas primeiras décadas do século 20, a proporção de alfabetizados entre os italianos chegou, em São Paulo, a superar 72% (ELLIS, 1934:133-134). Essa realidade explica o florescimento de diários e semanários italianos, como *Il Tevere*, *L'Italiano* e *Il Progresso Italo-Brasiliano*, entre outros.

No Rio de Janeiro, por volta de 1880, circulou o diário L'Italia e os semanários *L'Emigrante*, *L'Operaio Italiano*, *La Sentinella* e *Il Brasile*. Nesses jornais, começaram a ser inseridos romances de folhetim e trechos de livros escritos por autores imigrantes radicados no Brasil. Essas obras colocavam em circulação os diferentes dialetos italianos ou, então, seguiam o italiano-padrão. Um exemplo é o jornal *Il Pasquino Colonial* com seus romances de folhetim publicados em italiano.

Literatura da imigração

No que se refere à literatura da imigração italiana no Brasil, pode-se afirmar que, antes de 1875, já havia notícias de produções literárias em língua italiana por escritores brasileiros, formados na Europa, e por intelectuais italianos que, por motivos políticos, residiram durante um certo tempo no Brasil. Entre 1875 e 1929, apareceram obras de italianos recém-chegados da Itália que aqui realizaram serviços jornalísticos. Depois, já na segunda metade do século 20, os primeiros descendentes dos imigrantes começaram a escrever com maior assiduidade, atendendo aos interesses de um público leitor de obras em italiano. (MARCHAND, 1991:213)

A produção literária iniciou-se com obras poéticas e teatrais escritas em italiano que, tendo obtido um discreto sucesso de público, chegaram a ser publicadas entre 1870 e 1890. No meio dessas, podemos citar *Un Ammalato per Forza* (Um doente à força), de Giuseppe Salerio, e *Il Buon Gesú Ovvero il Fanático di Canudos* (O bom Jesus, ou seja, o fanático de Canudos), de Carlo Fabbricatore, provavelmente inspirado nas crônicas de Euclides da Cunha a respeito de Antônio Conselheiro.

No que concerne à poesia, sempre em italiano, podemos citar os nomes de alguns autores como Alessandro Sfrappini e Leopoldo de Rocchi. A prosa é representada por Bortolo Berri, com o livro *Storia di un Colono* (História de um colono), publicada com adaptações de Antonio Piccarollo, e os contos *Poker di Donne* (Pôquer de mulheres) de Lina Terzi (1928). (MARCHAND, 1991:206)

A literatura naturalista muito contribuiu para o fortalecimento de estereótipos. No já citado livro *Brás, Bexiga e Barra Funda,* o escritor Antônio de Alcântara Machado projetou em uma das suas personagens – a esposa do conselheiro José Bonifácio de Matos e Arruda – as características de um imigrante que, por sua identidade, só pode despertar a desconfiança, atribuindo-lhe o estereótipo de *carcamano:*

Filha minha não casa com filho de carcamano!

A esposa do Conselheiro José Bonifácio de Matos e Arruda disse isso e foi brigar com o italiano das batatas. Teresa Rita misturou lágrimas com gemidos e entrou no seu quarto batendo a porta. O Conselheiro José Bonifácio limpou as unhas com palito, suspirou e saiu de casa abotoando o fraque. (ALCÂNTARA MACHADO, 1997:59)

Por volta de 1922, seguindo os modelos europeus, presenciamos ecos do movimento modernista no Brasil, tendo como primeira experiência os escritos do jornalista brasileiro Alexandre Ribeiro Marcondes Machado, que usava o pseudônimo de Juó Bananère. Na revista *O Pirralho*, dirigida por Oswald de Andrade, Juó Bananère começou a publicar crônicas e poemas em "português macarrônico", copiando o português falado pelos imigrantes italianos dos bairros do Bexiga, Brás e Barra Funda, em São Paulo. Bananère também escreveu uma comédia, *A Ceia dos Avaccagliados*, parodiando um romance de Júlio Diniz, *A Ceia dos Cardeais*, onde discutia a maneira de fazer política no Brasil, servindo-se dos imigrados como eleitores fantasmas. Em 1915, foi publicada, como livro, a primeira série dos textos jornalísticos de Juó Bananère, sob o título *La Divina Increnca*, uma alusão à *Divina Comédia* de Dante Alighieri.

A influência da Primeira Guerra Mundial, a decadência dos grupos teatrais e as profundas mudanças vividas pelo Brasil, que chegaram ao clímax na assim chamada Revolução de 1930, fizeram com que os descendentes de italianos absorvessem sempre mais a língua portuguesa, abandonando o italiano ou reduzindo seu uso ao âmbito familiar.

Cantos dos imigrantes

Entre os escritos de caráter literário, podemos citar também os cantos da imigração que acompanham as músicas compostas por imigrantes italianos ou por seus descendentes. As letras dessas canções demonstram a evolução da língua italiana no Brasil, suas mudanças e persistências. É curioso perceber que os italianos que emigraram até o final da Primeira Guerra Mundial falavam mais os dialetos que o italiano, misturando, em seus textos, as primeiras palavras assimiladas do português.

Entre todos os cantos populares italianos, os dos emigrantes, junto com as canções napolitanas, são os mais conhecidos no Brasil. A diferença destas, porém, é que os cantos são obras coletivas, muitas vezes anônimas, voz autêntica dos sentimentos de uma parte da população italiana que não tinha outro meio para exprimir a si própria. (CAPRARA, 1997:33)

A canção *Emigranti Calabrisi* faz parte do repertório folclórico calabrês. Nesse texto, mais que em outros similares, é manifestada a dor sentida pelo abandono da terra materna e da mãe, a solidão vivenciada em meio à multidão das grandes cidades e o desespero diante da impossibilidade de retorno. Foram escritas canções para todas as ocasiões, como *Il Sirio*, sobre o já citado naufrágio no costa da Espanha, em 1906, de um navio com esse nome. Essa tragédia inspirou também um grande artista brasileiro, Benedito Calixto, que representou o cenário do naufrágio em um de seus quadros que se encontra no Museu de Arte Sacra em São Paulo. Nessa pintura, o bispo retratado é José de Camargo Barros, bispo de São Paulo na época.

Emigranti Calabrisi

Vinni nda sta città ch'è tanta randi
Lassando l'orticeddu de me paisi.
Lasciai me mammiceddra chi ciangiva
E li parenti e tutti i megli amici.
Ora que sugno a mezzo a tanti genti
Mi sentu sempri sulo e abbandunatu.
Sugno emigrante da tantu tempu
Di la Calabria terra d'amuri.
Penso luntanu a matricedda mia
Chi l'occhi chi mi vidderu jucari.
La lacrima mi scindi chianu chianu
Ma quandu, quandu possu ddra turnari.
Voglio baciari a mammiceddra mia
Voglio cacciari sta malinconia.
Sugno emigrante de tantu tempu
De la Calabria terra d'amure
Sta nostalgia murire mi fa.

Imigrantes Calabreses

Cheguei nesta cidade que é tanto grande
Deixando a horta do meu vilarejo.

Minha mãe que chorava
E todos os parentes e os melhores amigos.
Agora que estou no meio de tanta gente
Sinto-me sempre só e abandonado
Sou emigrante há muito tempo
Da Calábria terra de amor.
Penso de longe na minha mãe
Cujos olhos me viram brincar.
A lágrima desce devagar, devagar
Mas quando, quando poderei voltar.
Quero beijar minha mãe
Afastar esta melancolia.
Sou emigrante ha muito tempo
Da Calábria terra de amor
Esta nostalgia me faz morrer.

Il Sirio

E da Genova sul Sírio partivano
Per l'America varcare varcar il
confin
E da bordo cantar si sentivano
Tutti allegri del suo del suo destin.

Urtò il Sírio um orribile scoglio
Di tanta gente la miser... la misera fin

Padri e Madri abbracciavan suoi figli
Essi sparivano tra le onde le onde del mar
E tra loro um vescovo c'era
Dando a tutti la sua bendizion

O Sírio

E da Gênova a bordo do Sírio partiam
Para a América cruzando a fronteira
E do navio cantar se escutava
Todos felizes de seu destino

Bateu o Sírio num grande recife
De tanta gente o mísero fim
Pais e mães apertando os seus filhos
Desapareciam entre as ondas do mar
E entre eles havia um bispo
Que dava a todos a sua bênção
Fonte: CAPRARA, 1997: 38-39 (Tradução da autora).

O encanto e a desilusão dos emigrantes no tão sonhado Brasil:

Trenta giorni di nave a vapore
Fino in América ghe semo arrivati...
Ma nell'America che semo arrivati
Abbiam trovato né paglia né fieno

Abbiam dormito sul nudo terreno
Come le bestie che va a riposar
[...]
E l'America l'e lunga e l'é larga
L'è circondata di fiumi e montagne
E com l'aiuto dei nostri italiani
Abbiamo formato paesi e città

Trinta dias de barco a vapor
Até à América nós temos chegado
Mas na América aonde chegamos
Não achamos nem palha nem feno
Nós dormimos no chão
Como os animais que vão repousar
[...]
E a América é longa e é larga
É circundada de rios e montanhas
E com a ajuda dos nossos italianos
Criamos aldeias e cidades
Fonte: CAPRARA, 1997: 41.

A identidade religiosa dos imigrantes italianos

A religião é um dos aspectos importantes a ser considerado quando o tema é imigração. Excluindo o caso da emigração judaica na era fascista, a religião praticada pelos imigrantes italianos era a católica. Além dos agentes de emigração – que nas praças e feiras alardeavam as maravilhas da América e do Brasil –, vale citar as cartas enviadas pelos padres católicos para ser publicadas no jornais italianos. Estes haviam deixado suas paróquias na Itália para desenvolver seu apostolado em meio às comunidades italianas no Brasil. Esses escritos vieram corroborar a persistência do "mito do país da Cocanha". (CORREA dos SANTOS, 1999:156-157)

A seguir reproduzimos alguns trechos das cartas enviadas, entre 1875 e 1879, pelos padres ao periódico *La Voce Cattolica*, documentos pesquisados por Roselys Izabel dos Santos:

Preciso que venham para aqui para trabalhar, para serem industriosos e econômicos, e em dez anos aproximadamente poderão fazer discreta fortuna e viver bem...

Gente trabalhadora e com família, ficando e trabalhando pode ficar bem nesta província do Rio Grande do Sul.

...Aqui vejo muitos, que na sua casa não podiam manter uma cabra, virem da sua colônia montados no próprio cavalo.

A Grande Emigração coincidiu com o período durante o qual o papa, em Roma, declarava-se prisioneiro do Estado italiano, ou seja, na época em que Estado e Igreja agiam como instituições independentes. Assim, o corpo diplomático italiano nos lugares de emigração evitava falar de problemas religiosos.

Apesar disso, os cônsules percebiam que havia um forte sentimento religioso entre os colonos italianos, em meio a quem o clero se fazia atuante muito mais que os médicos. Todas as vezes que se iniciava uma nova colonização, junto com as lojas e a escola era erigida uma pequena igreja católica e um cemitério. Os colonos italianos, apesar de ser mais individualistas que gregários, quando o assunto era religião, assumiam o encargo de providenciar os locais para o culto e socorrer os compatriotas doentes.

Interessante recuperarmos alguns fragmentos do texto de autoria de Gerardo Pio de Savoia, cônsul nos estados do Sul do Brasil (1893-1904), que aborda a relação entre a pátria e a tradição religiosa. Publicado em 1901, no *Bollettino degli Affari Esteri* (n. 186, do mês de janeiro de 1901), expressa a opinião desse diplomata sobre as vibrações da italianidade no coração e no patrimônio cultural dos imigrantes italianos ligados por laços de parentesco, religião e nacionalismo:

É discutível se os laços de parentesco entre a religião e a pátria sejam tão estreitos assim como se fala; mas eu posso garantir que aqui, no estado de Santa Catarina, foi na igreja, principalmente, que escutei vibrar a voz da pátria.

Todas as igrejas, todas as ermidas dos nossos colonos, iniciando por aquela de São Marcos de Nova Veneza, são dedicadas aos santos protetores da província, da cidade ou da aldeia natal; em todos os povoados que visitei são os sinos que cumprimentaram a chegada do Cônsul; o primeiro lugar onde sou recebido é a igreja, que no sentimento de nossos colonos representa a pátria [...]. *Todo aquele pouco de arte italiana que o colono leva consigo para a América, fechado em seu coração e em sua mente, ele o utiliza na igreja logo que tem uma; são conceitos arquitetônicos, esculturas, pinturas, entalhes, que ele reproduz nela; assim podemos falar, também, dos cantos religiosos que escutou quando criança na igreja do vilarejo natal, cuja tradição ele guarda naquela colônia.*

A Grande Emigração (1870) foi motivo de preocupação para os grupos católicos, por razões éticas e de controle social: esse movimento migratório era mostrado como uma ocasião que favorecia o alcoolismo, a corrupção, o adultério e, como tal, a dissolução da família. Além disso, era avaliada como um meio de divulgação de idéias socialistas e anarquistas, denominadas pelas autoridades brasileiras como "doutrinas exóticas", portanto perigosas também para a nação brasileira.

Muitas foram as ordens religiosas italianas que se dedicaram à assistência aos imigrantes no Brasil. Entre essas se destacaram os *scalabriani* e os *salesiani*, por sua particular atuação. Sua obra diferenciava-se das demais ordens religiosas, pois não se preocupavam somente com a formação religiosa, mas também com a educação dos colonos, especialmente em termos de italianidade. Assim, associações particulares, laicas ou religiosas, prestaram real assistência aos emigrantes tanto na Itália quanto nos países de destino.

Foi provavelmente o fato de ter presenciado uma cena dolorosa da difícil trajetória dos migrantes que levou o bispo de

Piacenza, Giovanni Batista Scalabrini, a considerar o problema da emigração italiana para a América como prioritário. Em 1887, Scalabrini decidiu agir em âmbito nacional na esfera da emigração, publicando o opúsculo *A Emigração Italiana na América*, afirmando que o fenômeno migratório era um fato de política econômica internacional, distinto da colonização política e militar. Nesse opúsculo, publicado em junho de 1887, o prelado narra esse fato sugestivo:

Em Milão, há vários anos, assisti a uma cena que me deixou na alma um sentimento de profunda tristeza.

Passando pela estação, vi o salão, os pórticos laterais e a praça vizinha tomados por trezentas ou quatrocentas pessoas malvestidas, divididas em diversos grupos. Suas faces bronzeadas pelo sol e sulcadas pelas rugas precoces que a penúria usa imprimir transpareciam a agitação dos sentimentos que invadiam seus corações naquele momento. Eram anciãos curvados pela idade e pelas fadigas, homens na flor da idade, senhoras que arrastavam os filhinhos atrás de si, ou os carregavam ao colo; meninos e meninas, todos irmanados por um só pensamento e guiados por uma única meta.

Eram emigrantes. Pertenciam às várias províncias da Alta Itália e, com trepidação, esperavam o trem que os levaria para as praias do Mediterrâneo, donde zarpariam para as longínquas Américas, com a esperança de terem menos hostil a fortuna e a terra menos ingrata a seus suores.

Partiam os pobrezinhos: uns, chamados pelos parentes que os haviam precedido no êxodo voluntário; e outros, sem saber bem para onde, levados pelo poderoso instinto que faz migrar as aves. Iam para a América onde – tantas vezes o ouviram dizer – havia trabalho bem remunerado, mito para qualquer pessoa dotada de braços fortes e de boa vontade.

Com lágrimas, tinham-se despedido do torrão natal, que o ligava a si por numerosas e doces lembranças. Mas sem remorso abandonavam a pátria, que apenas lhes era conhecida por duas formas odiosas: o recrutamento e a cobrança dos impostos. Pois, para o deserdado, a pátria é a terra que lhe garante o pão; e lá, bem longe, esperavam consegui-lo de modo menos parcimonioso e menos custoso. (AZZI, 1987:13)

Em julho desse mesmo ano, Scalabrini fundou, em Piacenza, a Società San Raffaele, inspirada na sociedade alemã homônima, com três finalidades principais:

1 – instituir, em três ou quatro dos principais portos italianos, uma equipe de sacerdotes e leigos com a finalidade de assistir e orientar os emigrantes na hora do embarque;

2 – instituir uma junta central em Roma, para receber a correspondência das subcomissões e emanar as instruções e providências necessárias ao assunto;

3 – instituir, nos portos principais das Américas do Norte e do Sul, os comitês correspondentes de sacerdotes e leigos para receber e auxiliar os imigrantes.

O objetivo de Scalabrini era seguir os emigrantes transoceânicos para evitar a sua descristianização. Além disso, o êxodo tornava-se, para a Igreja católica, um instrumento de difusão religiosa. Com o objetivo de ajudar os emigrantes italianos, monsenhor Scalabrini atuou em varias áreas. Além da Società San Raffaele, fundou, em 1887, a Congregação dos Missionários de São Carlos e a Congregação das Irmãs Missionárias de São Carlos Borromeo (1895).

Monsenhor Giovanni Battista Scalabrini prestes a cruzar um rio no Rio Grande do Sul em sua segunda viagem ao Brasil (1904), quando ia visitar as comunidades dos imigrantes italianos. Um missionário da congregação scalabriana durante uma visita a uma fazenda no estado de São Paulo (CORTI-AUDENINO, 1994: 41).

Além das associações religiosas, devem ser lembradas, também, as associações promovidas pelos reformistas laicos, como a já citada Società Umanitaria di Milano. Por meio das práticas religiosas e dos livros clássicos da fé, as pessoas simples conviviam com a grande arte: música, pintura, arquitetura, dança, poesia, porquanto todas essas expressões simbólicas faziam parte do culto. As práticas religiosas se tornaram, assim, um fator de enraizamento ou, quando impedidas, de desenraizamento do povo.

Como a liturgia vive um tempo cíclico semelhante às estações do ano, à órbita dos astros, às marés, assim como a mudança sazonal de cores nas igrejas – roxa na Paixão, verde no Advento, vermelha na Páscoa – favorece a aproximação com os ciclos da vida. Dessa forma, a liturgia ajudava os imigrantes a refazer suas raízes enquanto os ajudava a reviver tradições, valores, lembranças que davam sentido a suas vidas (BOSI, 2003: 195). As pequenas igrejas coloniais que os imigrantes construíam transformaram-se em pontos de (re)encontro com a italianidade marcada pelos sentimentos de alegria e de tristeza.

Artistas italianos no Brasil

A participação dos italianos na arte brasileira começou muito cedo. No grupo republicano, durante as campanhas abolicionistas, encontramos o desenhista, ilustrador e caricaturista brasileiro de origem italiana Angelo Agostini (1843-1910). Nascido em Vercelli (Piemonte), Agostini chegou a São Paulo em 1858, acompanhando sua mãe, cantora lírica, em turnê pelo país. Durante a campanha abolicionista, participou da fundação da revista *Diabo Coxo*, publicação que obteve extraordinário sucesso, além de colaborar com o semanário liberal *O Cabrião*. Caricaturista brilhante por suas ilustrações satíricas, usava a figura do imperador dom Pedro II como tema constante. Angelo Agostini pode ser considerado como o precursor da caricatura brasileira.

O pintor Alessandro Ciccarelli (1811-1879) chegou ao Rio de Janeiro em 1840, quando tomou parte na Exposição Geral de Belas Artes de 1843. Um de seus quadros, *O Casamento da Imperatriz Teresa Cristina em Nápoles*, serviu para decorar a sala do Paço em São Paulo.

Eliseo d'Angelo Visconti nasceu em Salerno e veio, ainda criança, para o Brasil. Foi um dos maiores impressionistas brasileiros. Em 1902, produziu cerâmicas pintadas com motivos nacionais, com as quais foram decorados o Teatro Municipal do Rio de Janeiro, o Conselho Municipal, a Biblioteca Nacional e a Câmara dos Deputados.

Além desses pintores, podemos citar Nicola Antonio Fachinetti, Rodolfo Bernardelli (que formou o importante Núcleo Bernardelli), Giovanni Battista Castagneto (autor de algumas famosas marinhas), Carlo de Servi, Benjamino Parlagreco, entre outros.

Após a Segunda Guerra Mundial, o jornalista Assis Chateaubriand, proprietário da maior cadeia de comunicações do país na época – Diários e Emissoras Associados – convidou

Pietro Maria Bardi (1900-1999) para vir ao Brasil e fundar um museu. Bardi aceitou o desafio. Chateaubriand o havia conhecido em Roma, apresentado pelo então embaixador brasileiro Pedro de Barros. Bardi era um importante personagem da cena cultural italiana: crítico de arte, *marchand*, introdutor da arquitetura racionalista na Itália e "padrinho" da atuação do arquiteto Le Corbusier.

Em 1947, foi inaugurado o Museu de Arte de São Paulo (Masp), uma criação de Pietro Maria Bardi e Assis Chateaubriand, projetado por Lina Bo Bardi que, em seu projeto, adaptou ao país o neo-realismo italiano. Assim nasceu o Masp, um marco arquitetônico e cultural na cidade de São Paulo. Importante lembrar que Lina Bo Bardi, em parceria com Giancarlo Pallanti, participou também da criação do Estúdio de Arte Palma, no qual foram projetados móveis para a decoração de interiores.

O encontro de Chateaubriand e Bardi marcou o surgimento de uma dupla mitológica no cenário artístico brasileiro, com casos lendários de malandragem na aquisição do rico acervo do Masp. Respaldado pelo prestígio financeiro do empresário e pelo seu próprio e apuradíssimo faro de *expert* em arte, Bardi, já naturalizado brasileiro, voltou a uma Europa arrasada no pós-guerra para garimpar obras que começaram a rechear a nascente pinacoteca do museu.

Em 1951, foi realizada a primeira Bienal Internacional de São Paulo, sob a égide do Museu de Arte Moderna (MAM), ambos uma criação do industrial Francisco Matarazzo, conhecido afetivamente nos meios culturais como Ciccillo Matarazzo.

A exposição foi a grande abertura brasileira para o intercâmbio e o conhecimento das últimas novidades e experimentos da arte dos principais centros mundiais. De fato, no regulamento da I Bienal Internacional, afirma-se justamente o objetivo de colocar o país, o público e os artistas em contato com o que de mais importante estivesse sendo feito no mundo.

Arquitetura italiana em São Paulo

"São Paulo foi feita pelos italianos." A frase genérica é freqüentemente citada para resumir a participação viva e contínua dos italianos na organização econômica, industrial e comercial da cidade. (SALMONI-DEBENEDETTI, 1981:16)

Desde meados do século 19 havia no Rio de Janeiro – a capital do Império e depois da República brasileira – uma pequena colônia de italianos com expressivo número de artífices e artistas ligados à construção. Eram pedreiros e carpinteiros, pintores, escultores e arquitetos. Essa gente representava o que havia de mais refinado nesse campo e isso se irradiava por toda a Corte imperial. Foi desse reduto que saíram os arquitetos Farani, Fagliani, Rebecchi, Janusi e Fratelli, Santoro, Ballarini, Bosisio, encarregados de dar um "toque de renovação" ao já esplendoroso cenário carioca. Esse grupo foi o responsável pela abertura do bairro do Catumbi, pelo arruamento do então aristocrático bairro do Botafogo e pela abertura das grandes avenidas da cidade, como a Avenida Central. Além de inúmeras escolas, construíram o Matadouro de Santa Cruz, o Clube de Engenharia, o Campanário da Catedral, o Edifício Garnier, os chamados Palácios Guinle, Madame Simonard e José Paranaguá. No estado de São Paulo, construíram a Companhia Docas de Santos.

Tommaso Gaudenzio Bezzi, Luigi Pucci, Giulio Saltini, Giulio Micheli, Bianchi Bertoldi, Bertolotti, Giuseppe Chiappori, Cláudio Rossi, Domiziano Rossi, Giovanni Battista Bianchi. São esses, entre dezenas, os principais nomes que marcam a fase tradicional da arquitetura italiana no Brasil. Alguns desses arquitetos e construtores têm seus nomes ligados a construções que se tornaram autênticos ícones na paisagem urbana de São Paulo.

Construindo São Paulo: ícones arquitetônicos

Marcos arquitetônicos	Projetos dos italianos
Museu do Ipiranga	Tomasso Gaudêncio Bezzi e Mauro Pucci
Teatro Municipal	Oficialmente construído sob a responsabilidade de Ramos de Azevedo, que anos mais tarde, por encomenda do Rei de Portugal, iria projetar o Teatro Dona Amélia, em Lisboa, hoje Teatro da República.
Pavilhão Central e Capela da Santa Casa de Misericórdia	Giulio Micheli

Viaduto Santa Efigênia	Giuseppe Chiappori
Igreja de Santa Cecília	Giulio Micheli
Banco Francês e Italiano para a América do Sul, cópia do Palazzo Strozzi, de Firenze	Giulio Micheli e Giuseppe Chiappori
Palácio da Justiça, cópia do Palácio da Justiça de Calderini, em Roma	Felisberto Ranzini e Domiziano Rossi
Palácio das Indústrias, antiga Assembléia Legislativa do Estado, inspirado no Castello Sforzesco. Foi sede da Prefeitura Municipal	Domiziano Rossi

O brasileiro Rino Levi, o russo Gregori Warchavchik (ambos formados na Itália nos anos 1920), e os italianos Daniele Calabi, Lina Bo Bardi e Giancarlo Pallanti foram os responsáveis por um importante trabalho arquitetônico no Brasil. A dupla conseguiu criar um tipo de arquitetura identificando a cultura italiana e brasileira entre as duas guerras mundiais e no período do segundo pós-guerra. O arquiteto Rino Levi, filho de imigrantes italianos, estudou em Milão e Roma. Suas obras mais importantes, a partir de 1928, foram o Teatro Cultura Artística, o Instituto Superior Sedes Sapientiae, a Maternidade Universitária, o Prédio Columbus, e o cinema Art-Palácio, entre outras.

Entre os arquitetos que trabalharam no Brasil, particularmente em São Paulo e Rio de Janeiro, também é preciso citar Tommaso Gaudenzio Bezzi e Luigi Pucci. Bezzi, que chegou ao Brasil em 1875, fixou-se no Rio de Janeiro. Nessa cidade, além de residências importantes (que foram depois destruídas para dar lugar a modernos arranha-céus), suas obras mais conhecidas são o antigo Banco do Comércio e o Clube Naval, na Avenida Rio Branco; em São Paulo, reformou e aumentou o Edifício Itamarati, sede do projeto do Monumento à Independência Brasileira no Ipiranga, hoje sede do Museu Paulista, que ficou pronto em 1889.

Luigi Pucci emigrou para o Brasil em data não conhecida. Em 1883, fez parte da comissão de engenheiros encarregados de examinar a planta do Monumento da Independência apresentada por Bezzi, participando de sua execução. Construiu a Capela da Santa Casa de Misericórdia, além de casas e palacetes para a família Prada e outros personagens importantes da época.

Nos primeiros vinte anos de 1900, a tarefa de difundir as tendências arquitetônicas aprendidas em sua pátria foi amplamente facilitada pela necessidade de construir, sem descanso, edifícios de toda espécie, necessidade essa criada pelo extraordinário, contínuo aumento da população, pelo incremento não comum da indústria e do comércio e pelo afluxo de enormes riquezas. (SALMONI-DEBENEDETTI, 1981:97-98)

Entre 1900 e 1920, trabalharam, com sucesso, os arquitetos Giulio Micheli, Giuseppe Chiappori, Giuseppe Battista Bianchi e Aldo Lanza, que modificaram e modernizaram a cidade de São Paulo. A seus nomes estão ligadas obras como o Viaduto Santa Efigênia, o Vale do Anhangabaú, o edifício da Livraria Francisco Alves, a Igreja de Santa Cecília, o Banco Francês e Italiano, a antiga sede da Policlínica de São Paulo, na Rua Roberto Simonsen, a Escola Primária da Lapa e a Creche Maria Crespi, na Mooca.

Hoje a influência italiana, entendida como fenômeno de amplas proporções, não mais é percebível em São Paulo. Os artistas individuais que aí trabalham podem trazer aos paulistas o resultado de suas pesquisas pessoais e elevar edifícios, segundo sua linguagem própria, mas dificilmente sua obra terá a ampla extensão e a profunda influência que teve, em São Paulo, a arquitetura italiana do fim do século XIX. Hoje a arquitetura brasileira alcançou sua maturidade. (SALMONI, DEBENEDETTI, 1981:166)

Folclore italiano

Muitos dos aspectos culturais e folclóricos trazidos pelos imigrantes italianos – ou, melhor, de suas aldeias de origem – permanecem até hoje nos lugares onde houve uma grande concentração de trabalhadores braçais e colonos. Em cidades como São Paulo e Curitiba, em bairros como o Bexiga (Bela Vista) ou Santa Felicidade, respectivamente, ainda são comemoradas publicamente as festas religiosas italianas, com procissões e comidas típicas comercializadas em quiosques populares.

A história de um povo se identifica com a história de seu folclore, e os motivos recorrentes e inconfundíveis de seus usos e de suas cerimônias são elementos indispensáveis para o seu conhecimento. É na forma de vida e nos costumes transmitidos ao longo dos séculos – num interminável suceder-se de gerações – que o povo reencontra a si mesmo e revela suas características mais genuínas. As grandes festas italianas realizadas no Brasil fazem parte de uma cultura atualmente quase inexistente na Itália. Os italianos que imigraram para o Brasil trouxeram consigo a cultura da época, adaptaram-na ao folclore brasileiro e a mantiveram até hoje, sem nenhuma atualização.

Na capital paulista, o ciclo de festas italianas é composto pelas festas de Nossa Senhora da Achiropita, San Genaro, São Vito Mártir, Santo Emídio e Nossa Senhora de Casaluce. São festas católicas que homenageiam os santos, mas que são também, típicas "festas étnicas". As colônias napolitana e calabresa enfrentam-se nessas festas, disputando quem é capaz de oferecer a melhor homenagem a seus santos prediletos. As comunidades nelas envolvidas, compostas majoritariamente por velhos imigrantes e seus descendentes da classe média (alta ou baixa), zelam com severa disciplina pelos costumes herdados dos pais e avós.

A festa de Nossa Senhora da Achiropita (que acontece todos os sábados e domingos do mês de agosto, das 18 às 24 horas, no bairro do Bexiga) pode servir de modelo para demonstrar como se organizam os grupos de origem ou ascendência italiana nos bairros do Bexiga, Brás, Vila Prudente e Mooca, em São Paulo. Para atender as mais de 100 mil pessoas que costumam comparecer à festa, são consumidos por volta de 5 toneladas de farinha de trigo, 3 toneladas de espaguete, 2.500 latas de óleo, 3.500 quilos de mozarela, 10 mil litros de vinho a granel, 15 mil litros de chope e 15 mil litros de refrigerantes. A festa ainda tem atrativos, como as danças e canções napolitanas, a apresentação de grupos folclóricos e a "linha de produção" da fogaça, com mais de 100 pessoas trabalhando na cozinha. Também é comum a participação de famílias, cujos membros trabalham em conjunto e não isoladamente. Entretanto, a festa cresceu de tal forma que se tornou impossível preservar todas as características artesanais do preparo dos alimentos e foi necessário confiar a uma padaria do bairro a preparação da massa da fogaça. O macarrão também é industrializado, embora os molhos continuem a ser preparados artesanalmente pelas *mammas* (mães italianas, ou mulheres que dominam a preparação dos quitutes italianos).

O grupo de danças La Bella Italia, do Circolo Sociale Calabrese de São Paulo, surgiu em 1991, com o objetivo de transmitir o folclore e as tradições culturais do sul da Itália, divulgando, através da música e da dança, um dos mais vibrantes folclores do mundo. Seus componentes se especializaram em danças regionais populares do norte e do sul da Itália, sendo as tarantelas (calabresas, sicilianas e napolitanas) as músicas mais solicitadas. Através da dança sempre alegre e contagiante, o grupo mostra a riqueza da tradição cultural italiana e procura preservar a cultura de seus antepassados.

Nostalgia alimentar: culinária da tradição

A nostalgia não pode ser considerada como uma saudade irreal de uma "boa época alimentar perdida", mas é identificável ao sentimento e à necessidade dos que partem. É a memória de práticas alimentares dos tempos passados, de sabores, rituais e convívios. O que se deixa para trás é o regime de escassez e de privações, do que se sente saudade é da cozinha aromática das festas dos mil sabores, perfumes e cores, o universo de ligações e carinhos aos quais ela se refere.

No romance Emigranti, *do escritor F. Perri, um emigrante de volta da América confessa:*

O que eu tinha deixado aqui? Miséria! Portanto, estas estradas feias e sujas, estas casas, estas hortas sempre estavam frente à minha vista. Comia macarrões e bebia cerveja e, entretanto, pensava na botega di Porzia Pappandrea. *Parecia-me que sem minha presença o cheiro do bacalhau se perdia.*

[...] *Saímos inicialmente por fome, mas já durante a viagem começava a nostalgia da comida perdida, uma consideração que vai além do valor nutritivo.* (BEVILACQUA, DE CLEMENTI, FRANZINA, 2001:587-588)

Os emigrantes italianos nas Américas sentiam-se, inicialmente, estranhos aos novos hábitos do lugar de chegada, especialmente à comida, e procuravam transplantar as práticas de sua terra de origem. Se nos *paesi* a casa era organizada em função da comida, no novo mundo adaptavam, em suas casas, novos espaços em função de sua cultura alimentar. Suas hortas, onde cultivavam as verduras, eram cópia das hortas de seus vilarejos, o porão onde eram conservados os queijos, os presuntos e salames era também a cópia dos *solai* (sótãos) que possuíam em seu país. Nesse processo de reprodução da comida ou dos sonhos alimentares do passado, parece permanecer a memória das antigas dificuldades e o desejo de esquecer um passado de fome.

A comida era comprada e conservada em grande quantidade, quase por medo da volta da *mala annata* (ano ruim). As árvores frutíferas, em particular as figueiras, que os imigrantes plantavam em suas hortas e que cresciam frágeis e estéreis em seus quintais, eram os sinais da nostalgia de um mundo não transportável e, como tal, perdido para sempre. A comida, porém, com a instituição de festas e exposições, voltou a ser motivo de grande alegria, e também influenciou fortemente os hábitos alimentares nas regiões onde os italianos se fixaram.

Reproduzimos aqui duas receitas que fazem parte dos pratos típicos de duas regiões da Itália – a Lombardia e o Vêneto, principais núcleos emissores da grande emigração que veio para o Brasil.

O símbolo gastronômico da Lombardia é o risoto com açafrão, também *saltato*, isto é, passado na frigideira, ou a *cotoletta alla milanese* (bife empanado e frito), mas, como esses pratos são de uso diário e muito conhecidos, escolhi outras receitas: *Penne alla Lombarda* e, do Vêneto, *Risotto di Gamberi*.

Penne alla Lombarda

Ingredientes para 4 pessoas: 500g de macarrão tipo penne (penas); 2 pimentões limpos (tirar todo o seu interior e cortá-los em pedacinhos); 1 cebola (picada); 500g de tomates (em pedaços); 30g de manteiga; 3 colheres de azeite de oliva; 75g de bacon cortado em pedacinhos; 100g de queijo Gouda sem a casca, cortado em pedacinhos; sal e pimenta do reino.

Coloque em uma frigideira o azeite e a manteiga e deixe esquentar, junte depois a cebola e deixe-a murchar em fogo bem baixo. Adicione o bacon e deixe dourar em fogo lento, depois junte os pimentões. Mexa bem e deixe pegar sabor, sempre em fogo lento, por 5 minutos. Adicione depois os tomates bem amassados com um garfo e continue mexendo. Junte sal e pimenta a gosto e deixe cozinhar por uns 20 minutos em fogo moderado. Nesse meio tempo você já colocou água para cozinhar as "penas". Quando a água começar a ferver, coloque sal e as penas e deixe-as cozinhar até o ponto al dente. *Alguns minutos antes de tirar o molho do fogo, adicione o queijo em pedaços e mexa continuamente até que ele se misture de maneira homogênea ao molho, tornando-o cremoso. Escorra o macarrão e tempere-o com o molho obtido.*

Sirva quente.

Risotto di gamberi (camarões) alla Veneta

Ingredientes para 4 pessoas: 500g de camarões limpos; 400g de arroz; 1 dente de alho; 1 maço de salsa; 50ml de azeite de oliva; 30g de manteiga; 1/2 cebola; sal e pimenta. Pique a cebola, o alho e a salsa e ponha para fritar. Quando estiverem dourados, junte os camarões e tempere com sal e pimenta a gosto. Deixe fritar por mais um pouco e depois adicione o arroz. Cozinhe pondo de vez em quando uma concha de água fervendo. Se achar necessário, pode pôr mais sal e pimenta. Adicione, no fim do cozimento, a manteiga. Misture tudo muito bem e sirva.

(www.ecco.com.br)

Até hoje existem restaurantes italianos que servem pratos típicos do sul da Itália e que, na sua maioria, exageram nos molhos e nas gorduras, padarias que continuam a produzir o pão italiano, e multiplicam-se as fábricas de queijos: *mozzarella*, *gorgonzola*, *taleggio*, *parmigiano*... tipo italiano! Alguns desses tipos às vezes são melhores que os originais!!! Lojas que exibem nomes pseudo-italianos, apesar dos erros de ortografia... *mercatto*, *cassa*, *stravaganzza* e similares... Os cardápios dos restaurantes mais na moda são um exemplo típico desse fraseado que, em alguns casos, quer passar por sofisticação.

IMAGINÁRIO, HISTÓRIA E MEMÓRIA

Vozes dos imigrantes

Desde a última década de 1800 começaram a chegar à Itália cartas de jornalistas, religiosos e dos próprios imigrantes que procuravam convencer outros *paesani* a seguir o seu caminho em direção ao Brasil, descrito como se fosse o Paraíso, a Terra Prometida. Outros, pelo contrário, procuravam desanimar os interessados em emigrar, aconselhando-os a permanecer na Itália, chegando mesmo a afirmar que os imigrantes italianos não gozavam de muita estima entre a população brasileira: diziam que esses não eram vistos como "gente honesta". Às vezes, os próprios parentes, em suas cartas de chamadas, não tinham coragem de contar a situação precária que estavam vivendo no Brasil, omitindo uma realidade muito pior que a esperada.

Através das cartas desses camponeses, temos a oportunidade de perceber que o povo emigrante se apresentava como um protagonista ciente das dificuldades, mas ao mesmo tempo passivo. Essa memória ficou registrada nessas cartas, crônicas, diários e fotografias que, no seu conjunto, se apresentam como uma fonte documentária rica e poliédrica. Pelos seus conteúdos, possibilitam a reconstituição do cotidiano de trabalho, das políticas econômicas e da ação dos sindicatos e ativistas operários. Servem também aos estudos de história social, que se ocupam das formas de assistência ou de relevos estatísticos dos povos e de suas estruturas familiares. Porém, como esse tipo de documentação é escasso, os historiadores têm de se valer das fontes produzidas pelos órgãos oficiais do governo, que, na maioria das vezes, omitem ou distorcem os fatos apara atender aos seus interesses particulares (BEVILACQUA, DE CLEMENTI, FRANZINA, 2001:25)

Para a historiadora Roselys Izabel Correa dos Santos, a migração dos povos faz parte da história da espécie humana, pois

> [...] *desde os primórdios dos tempos o homem vive em constantes deslocamentos, buscando melhores condições de vida." Na sua opinião, a luta pela sobrevivência "sempre atuou como o fator responsável pelo êxodo de populações inteiras, em busca de uma terra onde o alimento cotidiano fosse mais fácil de ser obtido, onde houvesse fartura e abundância. Faz parte das crenças do universo judaico-cristão a promessa que Deus fez a Moisés, contida no livro do êxodo: Ide para a terra onde corre o leite e o mel, portanto, uma terra de promissão, um segundo paraíso terrestre.* (CORREA DOS SANTOS, 1999:139)

A idéia de um mundo novo, paradisíaco, coincidia com o imaginário dos emigrantes italianos que, em massa, se dirigiam para os países mais ricos da Europa ou para as Américas.

Eles perseguiam o sonho de um Paraíso Terrestre, do País da Cocanha (país imaginário), onde todos os que sofriam de uma miséria atávica encontrariam uma solução para os problemas da vida, como por mágica. Sobretudo, a emigração subsidiada, ou seja, a viagem gratuita e a garantia de sobrevivência para os primeiros meses nos países transoceânicos. A maioria ficava influenciada pela propaganda enganosa que interferia no imaginário dos futuros emigrantes, que pensavam ter achado "a cocanha" somente na idéia de uma próxima emigração.

Evidentemente existiram fatores que estimularam essa vontade de emigrar, de se deixar envolver pelos mitos das Américas; enfim, imagens construídas através das crônicas, cartas e panfletos produzidos pelas agências de viagens. Documentos da época, como artigos de jornais, cartas pessoais, cartões-postais, fotografias, gravuras, diários e lembranças narradas pelos velhos imigrantes a partir da segunda década de 1920, assim como o cinema, incentivaram para o incremento da Grande Emigração.

Roselys Izabel Correa dos Santos, em seu livro *A Terra Prometida,* recupera algumas dessas narrativas publicadas em dois jornais italianos, *La Voce Cattolica* (24/10/1882, p. 3) e *L'Eco di Bergamo* (21/11/1876). No primeiro, fica evidente o sonho de um novo mundo; e no segundo, a auto-imagem construída pelo imigrante:

Emigração – Domingo, 22 do corrente.

Partiram para o Brasil 60 camponeses nossos, 46 de Vezzano e os outros de comunidades vizinhas. Eram na maior parte famílias inteiras com seus velhos e crianças. Via Gênova, iam direto para a Província do Rio de Janeiro, em uma colônia junto à cidade de Campos. Pelo seu aspecto via-se que haviam chorado muito por abandonar os seus entes queridos e a sua pátria; mas estavam também cheios de confiança de encontrar melhor sorte na América. (CORREA DOS SANTOS, 1999: 96)

Os camponeses na Itália

[...] *Nós cultivamos o trigo e não sabemos o que é o pão branco; cultivamos a uva e não bebemos nada além de água; criamos gado e não comemos carne nunca; a nossa única pensão sobre esta terra italiana é um pouco de milho, do qual ainda é retirada a taxa sobre o grão. Já são passados dezesseis anos que esta gente está se inchando de pátria, de unidade e de liberdade; primeiro acreditamos e demos nosso contingente de sangue nas batalhas pela pátria independente: o que ganhamos? O sal, nosso único condimento, elevado a um preço impossível, todos os artigos de consumo agravados: o alistamento é pior do que antes; a riqueza móvel, a taxa sobre o moído e o resto...* (CORREA DOS SANTOS, 1999:104)

A análise da relação do imigrante com o país receptor aponta para processos distintos que podem ser compreendidos a partir dos conceitos de expatriados e emigrantes. No primeiro caso, classificamos aqueles imigrantes que, enquanto grupos de trabalhadores estrangeiros no Brasil, interpretavam a sua condição de vida e sua relação com o meio como algo provisório. No segundo caso, à medida que a possibilidade de retorno ao país de origem tornava-se cada vez mais remota, a relação puramente instrumental com a vida econômica durante o período imigratório inicial era extrapolada, estabelecendo-se um vínculo com os países receptores. Esse processo variava de uma total resistência aos costumes locais à completa assimilação.

A permanência do emigrante na comunidade de destino demonstra que a idéia do retorno deve ser compreendida muito mais como uma "situação imaginada" do que o retorno físico real. Ou seja, o imigrante constrói um novo mito: um retorno sobre si, um retorno à sua vida anterior à emigração, pois, embora ele pudesse voltar ao lugar de origem, não poderia jamais voltar ao tempo da partida, nem ao indivíduo que era naquela época. Assim acontece com todos os povos, sob a mesma aparência ou, às vezes, ligeiramente diferente. O mito sobrevive mantendo a idéia de que aquele lugar é o "único abrigo da humana felicidade", seja no que se refere à imaginação de uma idade beata e dourada, seja pela idéia de um lugar paradisíaco ou arcano.

Vejamos como esta teoria mítica se aplica à realidade vivenciada pelos imigrantes italianos radicados nas colônias do Rio Grande do Sul, por volta dos anos 1870. Dependendo do grau de sucesso econômico alcançado por alguns poucos, as conquistas costumam ser descritas em tons lírico-épicos, quando não com palavras de ufanismo. A produção agrícola, as indústrias, as cidades diferentes; as festas da uva, os bailes do chope, os galetos regados pelo vinho generoso e o chucrute concorreram também para consolidar essa visão deturpada da realidade, apta a granjear votos e aplausos fáceis. Além disso, tais versões forneceram subsídios à produção de uma historiografia barata, cujo erro ideológico fundamental é ignorar as conquistas desse povo anônimo, agente social da história. O que geralmente se lê e se ouve é a história – quando não a "estória" – dos poucos vencedores, dos raros bem-sucedidos, à qual se pressupõe, como componente natural indispensável, o sofrimento e o fracasso da grande multidão. Perguntamos: onde fica, então, a história dolorosa dos vencidos; dos que não chegaram à terra prometida; dos que sepultaram seus sonhos no mar que os acolheu como túmulo; dos que pereceram sem recursos médicos; dos que morreram de fome; dos que para sobreviver à realidade insuportável, refugiaram-se, como num último asilo, no mundo da loucura; dos enganados por toda a espécie de aproveitadores, que acumularam fortuna à custa da miséria dos miseráveis? Onde fica a história dos que não têm história? (DE BONI, COSTA, 1979:92-93)

Do ponto de vista histórico, a imigração é um capítulo doloroso na vida desses indivíduos, um capítulo marcado com sangue e sofrimento, quando não pelo desespero e a morte. O número de suicídios entre os imigrantes fala por si mesmo, bem como o de loucos, que, em levantamentos estatísticos, constatou-se ser quatro vezes maior do que entre os nativos. Entre aqueles que voltaram à Itália no período de 1903 a 1923, 2.533 eram portadores de doenças mentais. (IANNI, 1972:106)

Por essa razão é que os estudos sobre imigração devem levar em consideração o processo de enraizamento, já que, talvez, este seja a mais importante e mais desconhecida necessidade da alma humana e uma das mais difíceis de definir. Para

Eclea Bosi "o ser humano tem uma raiz por sua participação real, ativa e natural na existência de uma coletividade que conserva vivos certos tesouros do passado e certo pressentimento do futuro". Referindo-se ao emigrante como um "homem cujas raízes se partem", Bosi nos faz lembrar que ele perde a paisagem natal, a roça, as águas, as matas, a caça, a lenha, os animais, a casa, os vizinhos, as festas, a sua maneira de vestir, o entoado nativo de falar, de viver, de louvar a seu Deus... Na cidade (no país de emigração), a sua fala é chamada "código restrito" pelos lingüistas, seu jeito de viver, "carência cultural", sua religião, crendice ou folclore. Seria mais justo pensar a cultura de um povo emigrante em termos de desenraizamento. Não buscar o que se perdeu, as raízes já foram arrancadas, mas procurar o que pode renascer nessa terra de erosão. (BOSI, 2003)

Diante dessas questões – do enraizamento e do desenraizamento – é que procuramos reconstituir, ainda que de forma parcial, as lutas e as conquistas dos italianos imigrantes que, ao longo do século 20, procuraram vencer as barreiras e criar raízes em terras brasileiras. Sem, no entanto, abrir mão de sua italianidade, identidade preservada através dos gestos, da culinária, das canções e outras tantas formas de expressão cultural que, certamente, influenciaram o modo de ser do brasileiro. O importante é sabermos "ouvir suas vozes", testemunhos daqueles que, um dia, acreditaram ter descoberto o verdadeiro País da Cocanha.

Relendo os registros históricos deixados pelos cônsules, padres e pelos imigrantes italianos radicados no Brasil, percebemos que as mensagens destoavam entre si: os dois primeiros enviavam notícias confortantes e cheias de esperanças, enquanto os testemunhos dos imigrantes são contraditórios.

As autoridades consulares italianas visitavam com certa freqüência as comunidades dos colonos e enviavam relatórios às autoridades italianas. Esses documentos serviam, de um lado, para informar sobre as condições dos emigrados, e de outro, para aconselhar e, de certa forma, direcionar os futuros emigrantes para determinadas regiões brasileiras. Isso pode ser constatado numa carta redigida por Alberto Roti, cônsul italiano do estado de Santa Catarina:

As condições dos colonos são geralmente boas, até nos núcleos mais distantes, como Crisciúma e Nova Veneza; o tempo das experiências difíceis é passado, estamos em período de melhorias. Eu acho então que seja bom aconselhar aos agricultores italianos, sem recursos e decididos a emigrar, que optem pelo Estado de Santa Catarina.

O padre Giuseppe Marzano, por sua vez, afirmou que na Itália, os imigrantes "eram proletários e aqui transformaram-se em proprietários". Para o padre Arcângelo Gallarini – que havia acompanhado os emigrantes de Valsugana a Nova Trento e a Santa Catarina, essas localidades eram, em 1889, como "um oásis feliz":

[...] aqui é desconhecida aquela pobreza que obrigava os municípios a sustentar famílias inteiras durante o inverno [...] É verdade

que não podem se considerar ricos os nossos colonos, mas eles são proprietários independentes que, na maioria, já pagaram suas terras [...] Por isso a maioria deles prefere suas atuais condições de vida às que tinham na pátria.

No entanto, a realidade não era assim tão feliz como atestam as cartas enviadas pelos imigrantes a seus familiares na Itália. Alguns admitiam que tudo estava bem, enquanto outros, pelo contrário, confessavam que a nostalgia era grande:

[...] *e, apesar de tudo isso, a pátria sempre volta à minha mente, mas é uma doença geral pela pátria de nascimento, doença que se apagará somente com as futuras gerações.* (Carta de Giuseppe Sgrott de Besenello, 1881)

Contraditórias são as cartas escritas em dialeto vêneto por um anônimo de Belém do Descalvado (São Paulo), em maio de 1883, e outra por Felice Sartor, de Santa Teresa de Caxias (Rio Grande do Sul), datada de 15 de maio de 1885.

Queridos pais, vou contar a vocês sobre o estado de minha saúde. Fiquei por oito dias doente, com um tumor na mão. No momento estou bem, assim espero a mesma coisa de todos vocês. Pelo que concerne a América... é uma merda (!!), porque os trabalhos vão mal... as obras da estrada de ferro estão paradas. Eu parti de Santa Rita, porque trabalhava com um patrão que não era bom... Parti daquele lugar feio para chegar em outro pior.

Agora estou a serviço de outro dono: tenho que trabalhar junto com os negros, levando pesos sobre os ombros, subindo e descendo os montes como um burro. Começo a trabalhar de manhã, ainda com as estrelas no céu e, sempre com as estrelas no céu, voltamos para casa à noite. Comemos: de manhã, feijão... ao meio-dia, feijão... de noite, feijão. A aldeia é muito longe... um dia de caminhada; e os preços da comida são muito altos. A cachaça é a bom mercado; um franco e 25 cada litro. Tudo é caro; pelo que concerne os animais... existem de todas as variedades; o bicho do pé é como as formigas na Itália.

Assim, se existe alguém que quer vir para a América falem para ele que fique na Itália. Eu, daqui a um ano, se estou bem volto para casa... Só me falta cumprimentar a todos vocês... pai, mãe, irmãos, parentes, amigos, adeus.

Oh! Quanto deve ter sido bonito o dia no qual o povo judeu, depois de ter atravessado o Mar Vermelho, cantava hinos de louvor a Deus que os tinha libertado da escravidão do faraó!

Do mesmo jeito nós, paroquianos de São Vittore e Santa Corona, livres das misérias da Itália graças ao novo Moisés Dom Pedro II Imperador do Brasil, cantamos hinos de louvor ao Senhor que enxugou nossas lágrimas. Seria para nós uma alegria poder dividir a comida que nos sobra com os nossos irmãos italianos. É por isso que queremos fazer ouvir nossa voz até a Europa; e rogamos-vos de mandar rezar uma missa e o Te Deum *no Santuário de São Vittore e Santa Corona, com a maior solenidade possível.* (FRANZINA, 2000:113-115)

Filmes e novelas

O cinema é uma das fontes populares que mais ajudam a renovar a memória do passado. Os filmes sobre as várias emigrações que chegaram ao Brasil a partir do século 19 – apesar de mostrar, às vezes, uma realidade um pouco distorcida ou demais romanceada – refletem as odisséias de quem, na procura de melhores condições de vida, iniciou o longo caminho da emigração de sua terra para o imaginário País da Cocanha.

No que concerne à história dos italianos no Brasil, podemos citar alguns filmes que interpretam as razões dos êxodos, outros que relatam o drama das viagens e o impacto do encontro com a sonhada América. No primeiro grupo podem ser colocados dois filmes: o já citado *L'Albero degli Zoccoli* (*A Árvore dos Tamancos*), que aborda a triste realidade da vida nos campos do norte da Itália, e *Il Cammino della Speranza* (*O Caminho da Esperança*), dirigido por Pietro Germi. Este último mostra as desgraças e a pobreza de um grupo de mineiros sicilianos que trabalhavam em uma mina de enxofre obrigada a fechar. Apesar do país escolhido para emigrar ser a França e não o Brasil, a epopéia é semelhante, com as mesmas trapaças dos agentes de viagem, a insegurança, as desilusões.

A realidade da nova vida dos imigrantes italianos no Brasil foi documentada por filmes e novelas brasileiros. Entre estes, cabe citar *Eles Não Usam Black-tie*, escrito e dirigido por Gianfrancesco Guarnieri, cujo texto, antes de ser transformado em filme, foi apresentado no teatro em 1958, com direção de José

Renato, tendo o próprio Guarnieri como ator principal. O enredo trata da história de proletários, operários, artesãos e assalariados em luta por melhores condições de trabalho, a divisão de classes e os conflitos sociais inerentes ao proletariado. Guarnieri nasceu em Milão, em 1934, e veio para o Brasil em 1937, junto com a família, que fugia da perseguição fascista. Podemos citar, também, *Oriundi*, dirigido por Ricardo Bravo, tendo como intérpretes principais Anthony Quinn, Letícia Spiller, Paulo Betti e Paulo Autran.

Um outro filme que tem a imigração como tema é *O Quatrilho*, que trata da história da entrada dos italianos no contexto do Sul do Brasil, sem abordar problemas políticos ou sociais. O enredo desenrola-se em Caxias do Sul e conta a história de dois jovens casais que, além de dividir a mesma casa, eram parceiros no mesmo moinho e numa casa de comércio. Ao longo dessa convivência, perceberam que as afinidades entre eles estavam trocadas. O quatrilho é um jogo de cartas tradicional nas colônias de origem vêneta e envolve a troca constante dos quatro parceiros que o disputam.

Outro filme interessante é *Gaijin, Caminhos da Liberdade*, cuja história retrata a vida dos imigrantes japoneses nos cafezais paulistas em 1908. Nesse cenário, esses imigrantes se cruzam com os italianos, que já haviam vivenciado as mesmas experiências 30 anos antes.

Entre as novelas, podemos mencionar *Nino, o Italianinho* (com Juca de Oliveira), *Vitoria Bonelli* e *Os Ossos do Barão*, famosa peça teatral de Jorge Andrade, em que se focaliza a ascensão dos imigrantes italianos. *Terra Nostra*, de Benedito Ruy Barbosa, é uma novela que conta a história de Giuliana, uma jovem italiana que imigra com a família para o Brasil no início do século 20. Na novela são ressaltadas as estratégias do governo brasileiro para financiar os barões do café, responsáveis pela imigração dos trabalhadores europeus em suas fazendas.

A história da década de 1930 foi reconstituída pela novela *Esperança*, escrita por Benedito Ruy Barbosa e dirigida por Luiz Fernando Carvalho. Traça um retrato dos últimos anos da República Velha, da chegada de Getúlio Vargas ao poder, da crise do café e da modernização do país. Outra trama que tem os italianos como personagens é *Colônia Cecília*, exibida numa minissérie dirigida por Hugo Barreto e interpretada por Gabriela Duarte.

Registros fotográficos de um passado

As fotografias cumprem um importante papel enquanto registro de um passado que deu sentido à vida dos imigrantes italianos, seja como meio de recordação e documentação familiar, seja como meio de registro dos fatos históricos que aconteceram em um determinado período. Cada uma das imagens preservadas nos álbuns de família ou nos arquivos públicos contém em si, segundo o historiador Boris Kossoy,

> *um inventário de informações acerca de um determinado momento passado; ela sintetiza no documento um fragmento do real*

visível, destacando-o do contínuo da vida. O espaço urbano, os monumentos arquitetônicos, o vestuário, pose e as aparências elaboradas dos personagens estão ali congelados na escala habitual do original fotográfico: informações multidisciplinares nela gravadas, [...] apenas aguardam sua competente interpretação. (KOSSOY, 2001:113-121)

Para os imigrantes, as fotografias representavam um suporte indispensável e complementar às cartas que enviavam à Itália. Retratos, fotos de grupos ou núcleos familiares serviam para estabelecer uma comunicação através da qual podiam "testemunhar" boa saúde e bem-estar e, mais tarde, comprovar as alegrias vivenciadas nas festas de nascimento e casamento (CORTI, 1999: 72). Mas, muitas vezes, nos bastidores daquelas cenas de felicidade, escondia-se a tristeza ou o desencanto por um sonho não realizado.

Muitas dessas fotografias colaboraram para formar o imaginário do imigrante, reforçando o mito do País da Cocanha, ou seja, da existência – em algum lugar – de um paraíso terrestre. Um lugar onde o trabalhador vivia com alegria e sáude, além do bem-estar garantido por seus patrões. Exemplo dessa situação é a fotografia *A Colheita do Café em Araraquara*, de Guilherme Gaensly, e que – segundo análise de Boris Kossoy – "[...] esconde atrás da visão bucólica da paisagem de um campo de café, integrada pelo trabalho de homens, mulheres e crianças... uma dura realidade". Segundo relatórios de observadores do governo italiano que vieram visitar os colonos radicados em São Paulo em 1902, esses imigrantes viviam em péssimas condições de vida e trabalho nas fazendas de café. Assim, essa fotografia de Gaensly atesta a possibilidade de uma "construção estética da realidade com uma finalidade: a de atrair colonos para as fazendas do Estado de São Paulo, como de fato foram utilizadas pelos agentes de recrutamento de trabalhadores na Europa". Kossoy ressalta, ainda, o fato de que aquele fotógrafo era contratado pela Secretaria de Agricultura, Comércio e Obras Públicas do Estado de São Paulo para documentar oficialmente as fazendas do interior, entre 1902 e 1903 (KOSSOY, 2001:120-121)

A mesma realidade manipulada pode ser constatada em várias fotografias, como, por exemplo, as da colheita de uva e da colheita do café. Ou, ainda, fotografias de crianças malvestidas que testemunham o emprego do trabalho infantil que, na década de 1940, violava a legislação social do governo Vargas.

Espaços da memória, vestígios de uma identidade

Assim, através das fotografias é possível reconstituir os espaços que, desde o final do século 19, foram ocupados pelos imigrantes italianos radicados nas colônias de café e nos centros urbanos brasileiros, ora como simples lavradores, ora como operários, mestres-de-obras ou como grandes arquitetos e empresários. Mas, além das fotografias, outros tantos vestígios e sinais atestam a presença italiana nas grandes cidades brasileiras, como São Paulo, Curitiba, Caxias do Sul, Porto Alegre, Manaus, Santos, espaços símbólicos da memória. Apenas como sugestões para um roteiro expressivo das marcas da italianidade indicamos:

Bairro do Bexiga – É o lugar que melhor expressa a presença italiana no bairro da Bela Vista, em São Paulo. Inaugurado como um loteamento popular em 1878, o Bexiga é uma região localizada entre a Rua Rui Barbosa, a Avenida Nove de Julho e a Rua dos Franceses, cuja população é formada em sua grande parte por imigrantes italianos. A venda de lotes pequenos e baratos atendeu aos interesses dos italianos pobres e recém-chegados ao Brasil, em grande parte vindos da Calábria. Hoje é um importante ponto turístico e histórico, por seu casario e suas cantinas, espaços da tradicional culinária italiana e da religiosidade dos calabreses reunidas em torno da Igreja de Nossa Senhora da Achiropita. No local pode-se visitar o Museu do Bexiga, à Rua dos Ingleses, 118, guardião de fotos, documentos e objetos curiosos doados pelas famílias dos imigrantes italianos.

Museu do Ipiranga – O mais expressivo monumento de São Paulo, cujo projeto – inaugurado em 1889 pelo arquiteto do ressurgimento italiano, Tommaso Bezzi, e executado por Luigi Pucci – foi fato determinante para a afirmação do estilo neoclássico italiano. Da mesma forma, vale conferir a arquitetura do Teatro Municipal, projetado por Claúdio Rossi, que tem, a seu lado, o majestoso monumento a Carlos Gomes, de Luigi Brizzolara.

Memorial do Imigrante/Museu da Imigração – Criado em 1998, ocupa parte do edifício da antiga Hospedaria dos Imigrantes, localizada no bairro da Mooca, em São Paulo. Por ali passaram milhares de emigrantes, entre os quais, italianos. Além de possuir um rico acervo iconográfico, o memorial oferece documentos elucidativos da memória individual e coletiva daqueles que buscam suas raízes italianas. Importantíssimos são os livros de registro de chegada dos navios, que contêm anotações "oficiais" sobre a comunidade de origem, região, categoria de visto e nomes das famílias dos italianos desembarcados no Porto de Santos. Rua Visconde de Parnaiba, 1316, Mooca, São Paulo, SP, telefone (11) 6693-0917, fax (11) 6693-1446. www. memorialdoimigrante.sp.gov.br.

Museu de Arte de São Paulo (Masp) – Situado na Avenida Paulista, foi projetado pela arquiteta modernista italiana Lina Bo Bardi e inaugurado em 2 de outubro de 1947 por Assis Chateaubriand e pelo professor Pietro Maria Bardi, jornalista e crítico de arte na Itália, recém-chegado ao Brasil. O Masp, entre seu valiosíssimo acervo, abriga obras de artistas da escola italiana, como Rafael, Andrea Montegna, Botticeli e Bellini.

Museu Histórico Casa do Imigrante – Rua Erny Hugo Dreher, 127, Planalto, Bento Gonçalves, RS.

Museu Judaico do Rio de Janeiro – Rua México, 90, 1º andar, CEP 20031-141, Rio de Janeiro, Centro, telefones (21) 2524-6451 e 2240-1598. http://museujudaico.org.br.

Instituto Italiano de Cultura – Rua Frei Caneca, 1071 - Cerqueira César - São Paulo.

Circolo Italiano – Sede central, Rua São Luís, 50. www.circoloitaliano.com.br.

Amici d'Italia – São sociedades culturais ítalo-brasileiras em São José do Rio Preto (SP) e Curitiba (PR). www.amiciditalia.com.br.

Outros endereços de museus

www.paginadogaucho.co.br/defensor/pt.htm

www.santamariatue.com.br

www.riogrande.com.br

www.diariotaubate.com.br/news02-2802003htm:

Associações e Comunidades Italianas online – www.fecibesp.org.br/ita/associacao-it.asp

Bairro italiano, na cidade de Curitiba – www.curitiba-parana.com/santa-felicidade. htm

História do café no Brasil – htpp://planeta.terra.com.Br/arte/mundoantigo/republica/ cang2.htm

História do Rio Grande do Sul – htpp://www.caxias.rs.gov.br/

História de São Paulo – htpp://www.prodam.sp.gov.br/dph/história

Sobre a história da Itália – www.logosnet.com.br/ital

A constituição da República italiana – www.tuttouniversita.com

História dos partidos políticos italianos– www.romacivica.net/anpiroma/la repubblica/repubblicapartiti.htm

Cidadania italiana – http://www.italconsul.org.br/

Emigração e imigração – www.alef-fvg.it/emigrazione/index.htm

Selos e medalhas

Três medalhas, frente e verso, comemorativas do Centenário da Imigração e Colonização Italiana no Rio Grande do Sul.

Selo comemorativo em homenagem à visita do cardeal Pacelli, futuro papa Pio 12, ao Brasil, em 1934.

Selo comemorativo do nascimento do correio Brasil-Itália (1974).

Um selo comemorativo das correntes migratórias.

Um selo sobre a imigração italiana.

Um selo que representa a etnia brasileira.

Para concluir

Acho interessante acabar este pequeno livro relatando a conclusão da viagem ao Brasil de Mirko Tremaglia, *ministro per gli italiani nel mondo*, em 7 de junho de 2005.

Durante sua viagem, o ministro visitou as comunidades dos italianos no Brasil, que pode ser considerado, sem dúvida, o país mais italiano da América do Sul. Em todas as maiores cidades brasileiras, de Brasília ao Rio de Janeiro, de São Paulo a Porto Alegre e Curitiba, Tremaglia foi acolhido com muito carinho por todos os italianos que o consideram hoje seu próprio ministro. Durante os nove dias de permanência no país, Tremaglia encontrou-se com as personalidades politicamente mais importantes, entre as quais o presidente Luiz Ignácio Lula da Silva, ao qual ele repetiu que a coletividade italiana no país pode tornar-se um veículo para aumentar as relações de amizade entre a Itália e o Brasil e ajudar a superar a crise econômica na qual a Itália está entrando.

Em Porto Alegre, no assim chamado Vêneto tropical, onde se iniciou a maioria dos núcleos de colonização, Tremaglia encontrou-se com o prefeito José Fogaça, que o presenteou com as chaves da cidade. O ministro italiano agradeceu sua acolhida, dizendo que Porto Alegre o havia prazerosamente surpreendido e estimulado, enquanto o encontro com a comunidade italiana da cidade o havia comovido.

Durante sua viagem ao Rio de Janeiro, o ministro visitou as mais importantes obras realizadas pelos italianos, como o projeto de cooperação da Avsi Morro do Cabrito, o Hospital Italiano, o Centro de Formação da Universidade das Artes e Profissões, gerenciado pelo Centro Italiano de Formação Permanente. Em São Paulo, visitou a escola Dante Alighieri e, em Curitiba, a escola de arte Mirko Tremaglia. Durante sua visita aos estabelecimentos Papaiz, declarou sua intenção de constituir a seção da Confindústria Italiana no Exterior e comunicou que, logo, haverá em Roma um encontro oficial entre os vértices da Confindústria e da Confederação dos Empreendedores Italianos no mundo. "Os empreendedores de origem italiana em todo o mundo podem ajudar a Itália", afirma Tremaglia, "neste momento de dificuldade econômica."

A importância da visita do ministro *per gli italiani nel mondo*, foi sublinhada pela mensagem enviada pelo presidente da república, Carlo Azeglio Ciampi:

> *A presença no Brasil de uma numerosa coletividade de origem italiana, sua fundamental contribuição ao progresso econômico e social do país me deixa orgulhoso. Um compromisso de muitas décadas vos permitiu conquistar posições de grande respeito e consideração na sociedade brasileira.* (www.ministeroitalianinelmondo.it)

CRONOLOGIA

Legislações italiana e brasileira relativas à imigração

1808

Brasil – Decreto de 25 de novembro – permite aos estrangeiros residentes no Brasil a concessão de sesmarias, terrenos incultos ou abandonados.

1830

Brasil – Lei de 13 de setembro – regula o contrato por escrito sobre prestação de serviços realizados por brasileiros ou estrangeiros dentro e fora do Império.

1848

Brasil – Lei nº 514, de 28 de outubro – concede terras devolutas do Império às províncias para colonização.

1850

Brasil – Lei Eusébio de Queiroz, de 4 de setembro – proíbe o tráfego de escravos e autoriza a expulsão dos traficantes do país. Lei nº 601, de 18 de setembro – conhecida também como Lei das Terras – dispõe sobre as terras devolutas no Império.

1867

Brasil – Decreto nº 3.784, de 19 de janeiro. Cap. 4º, art. 38. Os colonos que precisarem enviar qualquer quantia para fora do país, poderão entregá-la ao Diretor, mediante recibo de sua importância, com declaração da espécie da moeda.

1868

Itália – Circular que impõe aos chefes de municípios, da segurança pública e aos prefeitos que impeçam a emigração para as Américas de pessoas que não tenham um trabalho assegurado no país de emigração ou dinheiro suficiente para se sustentar.

1871

Brasil – Lei do Ventre Livre, de 28 de setembro – declara livres todos os filhos de escravos nascidos no Brasil.

1874

Brasil – Decreto nº 5.663, de 17 de junho – assinado entre o governo imperial brasileiro e Caetano Pinto Júnior, que objetiva incrementar a política imigratória para o Brasil.

1876

Itália – Circular Lanza – impede a emigração clandestina e limita a lícita e espontânea.

Brasil – Decreto nº 6.129, de 23 de fevereiro – constitui a Inspectoria Geral de Terras e Colonização que superintende todos os serviços que dizem respeito à colonização.

1885

Brasil – Lei dos Sexagenários, nº 3.270, de 28 de setembro ou Lei Saraiva-Cotegipe – declara livres os escravos com mais de 65 anos.

1888

Brasil – Lei Áurea, de 13 de maio – extingue a escravidão no Brasil.

Itália – Lei nº 5.877 – proclama a plena liberdade de emigrar.

1889

Brasil – Decreto nº 13-A, de 26 de novembro – regula a concessão de naturalização dos estrangeiros.Decreto nº 58-A, de 14 de dezembro – trata da naturalização dos estrangeiros residentes na República.

1890

Brasil – Lei Glicério – prevê facilidades para os emigrantes, como a viagem gratuita para toda a família e a posse de um pedaço de terra no qual se estabelecerá.

1901

Itália – Lei nº 23 – cria o Comissariado Geral da Emigração (CGE), para tutelar a emigração. Em 1919 foram acrescentadas novas disposições.

1902

Itália – Decreto Prinetti – proíbe a emigração subvencionada para o Brasil devido ao excessivo endividamento dos emigrantes com os doadores de trabalho brasileiros.

Brasil – Lei nº 42, de 25 de novembro – cria o imposto territorial.

1907

Brasil – Aprovação da Lei Adolfo Gordo, nº 1.641, de 7 de janeiro – determina a expulsão do território dos estrangeiros que representem perigo à segurança nacional e à ordem pública.

1921

Brasil – Decreto-Lei nº 4.247 (601/1921) – proíbe a entrada de indesejáveis, através da imposição do termo de responsabilidade, posteriormente conhecido como cartas de chamada, regulamentado pelo Decreto-Lei nº 16.721, de 31 de dezembro de 1924.

1924

Itália – Em setembro, projeto definitivo de acordo entre o CGE e o Governo do Estado de São Paulo em relação ao emprego de trabalhadores italianos nesse estado. O artigo n.º 4 declarava: "O Comissariado empenha-se em não enviar ao Estado de São Paulo emigrantes considerados indesejáveis, conforme as normas da legislação brasileira".

1927

Itália – O CGE é transformado em Direção Geral dos Italianos no Exterior, com a fascistização de todos os órgãos do Estado e instituições que trabalhavam no exterior.

1934

Brasil – Decretos nº 24.215 e nº 24.258, de 16 de maio de 1934, culminando com artigo 121, § 6º, da Constituição de 16 de julho de 1934, criando o regime de cotas para a imigração. O decreto é revigorado pelo art. 151 da Constituição de 10 de novembro de 1937. Este estabelece o limite às entradas anuais de estrangeiros em 2% dos compatriotas entrados no Brasil entre 1884 e 1933. Esse regime se prestou após 1937, quando entraram em vigor as circulares secretas, como fachada para ocultar a política anti-semita sustentada até 1948. (TUCCI CARNEIRO, 2004:106)

Fonte: HORN IOTTI, 2001.

SIGLAS E GLOSSÁRIO

AA.VV. Autores vários.

GRTV. Agência de Imprensa Internacional, especializada em serviço para os italianos residentes no exterior.

RSI. Sigla de República Social de Saló, república criada em Saló (pequena cidade ao redor do Lago de Garda, no norte da Itália) como último baluarte fascista italiano ligado à Alemanha, depois de 8 de setembro de 1943. Nessa data, a Itália assinou o armistício com os Aliados (Estados Unidos e ingleses) e separou-se da Alemanha.

APÁTRIDA. Aquele que, tendo perdido sua nacionalidade de origem, não adquiriu outra.

ASQUENAZE. Judeus oriundos de Ashkenaz (do heb., *ashkenaz*), termo utilizado para designar a Alemanha, mas que se refere a todos os judeus precedentes, além da Alemanha, do norte da França, da Europa central e da Europa oriental (PINKUSS, 1989: 161).

COCANHA. Mastro alto e untado de sebo, erguido em festa do interior, sobre o qual se colocam prendas para que os participantes tentem apanhar. Em sentido figurativo, como o "país da cocanha", é o nome de um país imaginário onde tudo é abundância.

DEOPS/SP. Abreviação de Departamento de Ordem Política e Social de São Paulo.

DIÁSPORA. Dispersão, o exílio do povo judeu, disperso pelo mundo, em contraposição ao anseio de reunificação em Israel (PINKUSS, 1989:163).

FOGAÇA. É um tipo de bolo ou de pão da comida típica portuguesa. Erroneamente confundido com a *focaccia* italiana, ou pizza branca com sal e azeite.

GREGÁRIO. Diz-se de pessoa (animal também) que gosta de ter a companhia de outras pessoas (ou animais).

IÍDICHE. Língua judaica falada pelos judeus asquenazes.

LÁZIO. A região da Itália com capital em Roma.

NOSTALGIA. Melancolia profunda causada pelo afastamento da terra natal, do seio da família e pelo anseio extremo de a eles retornar.

SAUDADE. Sentimento mais ou menos melancólico de incompletude, ligado pela memória a situações de privação da presença de alguém ou de algo.

SIONISMO. Movimento fundado, em 1897, por Theodor Herzl com a finalidade de reconstruir um Estado judaico na Palestina.

TORÁ. Livro que contém a lei mosaica, os primeiros cinco livros do Antigo Testamento.

BIBLIOGRAFIA

AA.VV. *Italiani nel Mondo.* Roma, Ed. Barletti, 1993.

ALCÂNTARA MACHADO, Antônio. *Brás, Bexiga e Barra Funda.* Rio de Janeiro: Imago Editora, 1997.

ALMANAQUE ABRIL. *Quem É Quem.* São Paulo: Abril Multimídia. 2000.

ALVIM, Zuleika M. F. *Brava Gente. Os italianos em São Paulo.* São Paulo: Editora Brasiliense, 1986.

AUDENINI, Patrizia, CORTI, Paola. *L'Emigrazione Italiana.* Milano: Editora Fenice, 2000, 1983.

AZZI, Riolando. *A Igreja e os Migrantes.* v. 1. *A Imigração Italiana e os Primórdios da Obra Escalabriniana no Brasil (1884-1904).* São Paulo: Editora Paoline, 1928.

BERTONHA, João Fabio. *A Imigração Italiana no Brasil.* São Paulo: Editora Saraiva, 2004.

BEVILACQUA, Piero, DE CLEMENTI, Andreina, FRANZINA, Emilio (org). *Storia dell'Emigrazione Italiana.* v. 1 *Partenze,* v. 2 *Arrivi.* Roma: Editora Donzelli, 2001.

BORIS, Fausto (org.). *Fazer a América.* São Paulo: Edusp, 1999.

BOSI, Eclea. *O Tempo Vivo da Memória. Ensaio de psicologia social.* São Paulo: Ateliê Editorial, 2003.

CAFFAZ, Ugo. *Discriminazione e Persecuzione degli Ebrei nell'Italia Fascista.* Firenze: Tipografia Giuntina, 1988.

CALCAGNO, Giorgio. *Bianco, Rosso e Verde. L'identità degli italiani.* Roma-Bari: Editora Laterza, 2005.

CAMPODONICO, Pierangelo; FOCHESSATI, Matteo, PICCIONE, Paolo. A cura di. In *Transatlantici. Scenari e sogni di mare.* Milano: Skira Editore, 2004.

CAPRARA, Loredana. *Cultura e Língua Italiana nas Músicas Populares dos Séculos XIX e XX*. São Paulo: Humanitas Publicações, FFLCH/USP, 1997.

CARELLI, Mario. *Carcamanos e Comendadores. Os italianos de São Paulo da realidade à ficção, 1919-1930*. São Paulo: Ática, 1988.

CARNIER, Plínio Júnior. *Imigrantes. Viagem. Trabalho. Integração*. São Paulo: Editora FTDA, 2000.

CENNI, Franco. *Italianos no Brasil*. 1. ed. São Paulo: Livraria Martins Editora, 1960.

CERVO, Amado Luiz. *As Relações Históricas entre o Brasil e a Itália. O papel da diplomacia*. Brasília: Editora UnB, 1991.

CORREA DOS SANTOS, Roselys Izabel. *A Terra Prometida. Emigração italiana:* mito e realidade. 2. ed. Itajaí: Editora da Univali, 1999.

CORREIA DE ANDRADE, Manuel. *A Itália no Nordeste*. Turim/Recife: Fondazione Giovanni Agnelli; Fundação Joaquim Nabuco, Editora Massangana, 1992.

CORSI, Pietro. *Halifax. L'altra porta d'America*. Isermia: Editora Cosmo Iannone, 2003.

CORTI, Paola. *L'Emigrazione*. Milano: Ed. Riuniti, 1999.

CORTI, Paola, AUDENINO, Patrizia. *L'Emigrazione Italiana*. Milano: Fenice 2000 srl, 1994.

DA CRUZ PAIVA, Odair. *Breve História da Hospedaria de Imigrantes e da Imigração para São Paulo*. São Paulo: Memorial do Imigrante/Museu da Imigração, 2001.

DARDANO, Maurizio, TRIFONE Pietro. *La Lingua Italiana*. Bologna: Zanichelli Editore, 1995.

DE AMICIS, Edmondo. *Sull'Oceano*. Milano: Fratelli Treves, 1902.

DE BONI, Luís, COSTA, Rovílio. *Os Italianos do Rio Grande do Sul*. Rio Grande do Sul: Editora Est. Correio Riograndense – EDUCS, 1984.

DE FELICE, Renzo. *Storia degli Ebrei Italiani sotto il Fascismo*. Torino: Einaudi, 1993.

DE FREITAS, Sônia Maria. *E Chegam os Imigrantes... O café e a imigração em São Paulo*. São Paulo: edição da autora, 1999.

DE STAUER CAPRARA, Loredana, MORDENTE, Olga Alejandra (org.). *Viajando entre Duas Culturas*. São Paulo: Lemos Editorial, 2000.

DOS SANTOS, Viviane Teresinha. *Os Seguidores do Duce: os italianos fascistas*

no Estado de São Paulo. Modulo V. – Italianos. São Paulo: Arquivo do Estado (Imprensa Oficial), 2001.
ELLIS, Alfredo Júnior. *Populações Paulistas.* São Paulo: Companhia Editora Nacional, 1934.
FACCHINETTI, Luciana. *Parla! O imigrante italiano do segundo pós-guerra e seus relatos.* São Paulo: Angellara Editora, 2004.
FANFULLA Publicações. *Il Brasile e gli Italiani.* Firenze: Bemporad e Figlio Editori, 1906.
FRANZINA, Emilio. *Merica! Merica! Emigração e colonizzazione nelle lettere dei contadini veneti e friulani in América Latina 1876-1902.* Verona (Itália): Cierre Edizioni, 1994.
______. *Brasile fra Storia e Romanzo.* In MARCHAND: 1991.
GALDINO, Luiz. *Merica, Merica. Italianos no Brasil.* São Paulo: Editora Senac, 2002.
GAROSCI, Aldo. *Storia dei Fuoriusciti.* Bari: Laterza, 1953.
GATTAI, Zélia. *Città di Roma.* Rio de Janeiro-São Paulo: Editora Record, 2000.
GHIRARDI, Pedro Garcez. *Imigração da Palavra. Escritores de língua italiana no Brasil.* Rio Grande do Sul: Est Edições, 1994.
GIOVANNETTI, Bruno. *Artistas Italianos nas Praças de São Paulo.* São Paulo: Empresa das Artes, 1992.
HIRSCHBERG, Alice Irene. *Desafio e Respostas.* São Paulo: Planimpress Gráfica e Editora,1976.
HORN IOTTI, Luiza (org). *Imigração e Colonização. Legislação de 1748-1915.* Rio Grande do Sul: EDUCS, 2001.
IANNI, Constantino. *Homens sem Paz.* 2. ed. Rio de Janeiro: Civilização, 1972.
IESI, Furio (Centro de Documentação). *Catalogo dell'esposizione: La Menzogna della Razza. Documenti e immagini del Razzismo e dell'Antisemitismo fascista.* Bologna: Grafis Edizioni, 1994.
IGNAZI, Piero. *I Partiti Italiani.* Bologna: Società Editrice Il Mulino, 1997.
INCISA DI CAMERANA, Ludovico. *Il Grande Esodo: Storia delle migrazioni italiane nel mondo.* Milano: Casa Editrice Carbaccio, Srl, 2003.
INSTITUTO BRASILEIRO de GEOGRAFIA E ESTATÍSTICA. *Brasil 500 anos de Povoamento.* Rio de Janeiro: IBGE, 2000.
KOSSOY, Boris. *Fotografia & História.* 2. ed. São Paulo: Ateliê Editorial, 2001.
LIPPI OLIVERA, Lucia. *O Brasil dos Imigrantes.* Rio de Janeiro: Jorge Zahar Editor, 2002.

MAFFEI HUTTER, Lucy. *Imigração Italiana em São Paulo (1880-1889)*. São Paulo: Instituto de Estudos Brasileiros da USP, 1972.

_______. *Imigração Italiana em São Paulo de 1902 a 1914. O processo imigratório.* São Paulo: Instituto de Estudos Brasileiros da USP, 1986.

MARCHAND, Jean-Jaques (org.). *Letteratura dell'Emigrazione.* Torino: Edizione Fondazione Agnelli, 1991.

MARIANTONI, Alberto. Nazione e Nazionalitá. In *La Gazzetta dello Sport.* Sondrio, 28/11/2003.

MIORANZA Ciro; FROSI, Vitalina Maria. *Dialetos Italianos.* Caxias do Sul: EDUCS, 1983.

PINKUSS, Fritz. *Estudar Ensinar Educar. Seis décadas de um rabino em dois continentes.* São Paulo: Livraria Cultura Editora, 1989.

PREZZOLINI, Giuseppe. *América in Pantofole.* Firenze: Vallecchi Editore, 1950.

RODRIGUES ONDINA, Antonio; DI FRANCESCO Nelson. *Imigração Italiana no Estado de São Paulo.* 3. ed. São Paulo: Editoração Karin Kawakami, Memorial do Imigrante /Museu da Imigração, 2003.

ROLFSEN SALLES, Maria do Rosário. *Médicos Italianos em São Paulo (1890-1930). Um projeto de ascensão social.* São Paulo: Editora Sumaré, 1994.

SARFATTI, Michele. *Mussolini Contro gli Ebrei.* Torino: Silvio Zamorani Editore, 1994.

S.E.I. (Società Editrice Italiana). *Cinquant'anni di Lavoro degli Italiani in Brasile.* São Paulo: 1936, v. 1; 1937 v. 2.

SLOMP GIRON, Loraine. Imigração Italiana: a reação brasileira. In AA.VV. *Imigração Italiana:* Estudos. Caxias do Sul: co-edição UCS-EST, 1979.

S.N.D.C.B. (Serviço Nacional de Divulgação Cultural Brasileiro). *História da Imigração no Brasil.*

SOARES DE CAMARGO, Luis. *Imigrantes Italianos em Itatiba.* São Paulo: Berto Editora Itatiba, 2001.

SORI, Ercole. *L'emigrazione italiana dall'Unitá alla Seconda Guerra Mondiale.* Bologna: Soc. Ed. Il Mulino, 1979.

STELLA, Gian Antonio. *Quando sulle carrette del mare c'eravamo noi.* In Corriere della Sera, 26/10/2003.

SUANO, Marlene. *Italiani del Molise – Italianos do Brasil.* São Paulo: Ricargraf, 1999.

SUZIGAN, Wilson. *Indústria Brasileira. Origem e desenvolvimento.* São Paulo: Hucitec, 2000.

TRENTO, Angelo. *Fascismo Italiano.* São Paulo: Ática, 1993.

______. *Do Outro Lado do Atlântico.* São Paulo: Nobel, 1989.

______. *Os Italianos no Brasil.* São Paulo: Gráfica Melhoramentos, Fotoline Gráfica e Editora, 2000.

TUCCI CARNEIRO, Maria Luiza. *O Veneno da Serpente.* São Paulo: Perspectiva, 2003.

TUCCI CARNEIRO, Maria Luiza, KOSSOY, Boris. (org.) *A Imprensa Confiscada pelo DEOPS (1924-1954).* São Paulo: Ateliê Editorial; Imprensa Oficial; Arquivo do Estado, 2003.

UNIVERSIDADE DE CAXIAS DO SUL – Instituto Superior Brasileiro-Italiano de estudos e Pesquisas (ISBIEP). Anais do I e do II Fórum de Estudos Brasileiros. *Imigração Italiana: Estudos.* Caxia do Sul: co-edição UCS-EST, 1979.

VANNI, Julio Cesar. *Italianos no Rio de Janeiro.* Niterói: Editora Comunitá, 2000.

SOBRE A AUTORA

Anna Rosa Campagnano Bigazzi é natural de Florença, onde se doutorou em ciências naturais pela Faculdade de Florença. Atuou como professora de ciências e matemática em escolas na Itália, na Nigéria e Brasil, tendo lecionado, entre 1982 e 1995, no colégio italiano Eugenio Montale, em São Paulo. Em 1993 publicou um livro de poemas sobre o seu retorno às raízes judaicas, *A Árvore de Abraham.* É mestra pela Faculdade de Filosofia, Letras e Ciências Humanas da Universidade de São Paulo com a dissertação *Os Dialetos Judeu-Italianos: um estudo sobre o bagito.* Atualmente está inscrita no Programa de Pós-graduação em Língua, Literatura e Cultura Judaicas da mesma faculdade, onde desenvolve tese de doutorado, orientada pela Profª Dra. Maria Luiza Tucci Carneiro, sobre os italianos judeus radicados no Brasil como refugiados das leis raciais fascistas. É co-autora do *Dicionário Sefardi de Sobrenomes (Dictionary of Sephardic Surnames)*, Frahia, 2003, que ganhou The 2003 Award AJL R&S (Reference Book Award) pela Association of Jewish Libraries, dos Estados Unidos.

É pesquisadora do projeto temático Representações do Holocausto e do projeto LEI (Laboratório de Estudos sobre Intolerância/USP). Atua também nos projetos educacionais do Arquivo Histórico Judaico Brasileiro.